LA

PAZ QUE

DIOS

PROMETE

A N N S P A N G L E R

LA
PAZ QUE
DIOS
PROMETE

ELIMINA LA DIFERENCIA ENTRE TU EXPERIENCIA
ACTUAL Y TUS ANHELOS MÁS PROFUNDOS

ANN SPANGLER

La misión de Editorial Vida es ser la compañía líder en satisfacer las necesidades de las personas con recursos cuyo contenido glorifique al Señor Jesucristo y promueva principios bíblicos.

LA PAZ QUE DIOS PROMETE
Edición en español publicada por
Editorial Vida – 2012
Miami, Florida

Originally published in the USA under the title:
The Peace God Promises
Copyright © 2011 by Ann Spangler
Published by permission of Zondervan, Grand Rapids, Michigan 49530

Traducción: *Wendy Bello*
Edición: *Marta María Díaz*
Diseño interior: *Grupo Nivel Uno, Inc.*

ISBN: 978-0-8297-6079-8

CATEGORÍA: Vida cristiana/Crecimiento espiritual

IMPRESO EN ESTADOS UNIDOS DE AMERICA
PRINTED IN THE UNITED STATES OF AMERICA

12 13 14 15 16 ❖ 6 5 4 3 2 1

Para Sandy, con gratitud

CONTENIDO

AGRADECIMIENTOS

Pocos libros, si es que alguno, ven la luz tan solo porque así lo quiere el autor. Este libro no habría sido posible sin la ayuda de muchos otros. Gracias a Dudley Delffs, quien fuera editor de libros comerciales en Zondervan, por su apoyo a este libro y por sus sugerencias con respecto a la forma que podía tomar. La redactora ejecutiva y editora asociada Sandy Vander Zicht ha sido mi amiga y editora la mayor parte del tiempo que he dedicado a escribir. Sus oraciones, ideas y aliento han logrado un gran impacto en mi vida. Estoy agradecida por su agudo ojo editorial y sus muy generosos esfuerzos para ayudar a mejorar este libro. Gracias también a Don Gates, vicepresidente de marketing, Tom Dean, director principal de marketing para libros comerciales en Zondervan, y su equipo, por sus esfuerzos para alcanzar la audiencia más amplia posible. Michelle Lenger, directora creativa de libros comerciales, hizo un magnífico trabajo en el diseño de la portada. Quiero también expresar mi gratitud a Linda Kenney por servir como mi agente para este y otros libros. Aprecio mucho su aliento, consejo y apoyo durante tantos años.

Varios editores en Zondervan me indicaron útiles recursos para explorar la paz que viene como resultado de pertenecer a una comunidad llena de vitalidad. Así que gracias a Katya Covrett, Bob Hudson, Ryan Pazdur, Sandy Vander Zicht y Verlyn Verbrugge por ayudar con este tema. Estoy agradecida también a Andrea

Doering por compartir la historia que se narra en el capítulo 7 sobre su valiente búsqueda por lograr un día de descanso para ella y su familia. El Reverendo Jack Roeda fue el primero en mencionar el concepto de «presencia no ansiosa» y lo sugirió como línea de investigación para el libro.

Lois Tverberg, mi mentora en lo relacionado con las raíces judías sobre las cuales ha crecido el cristianismo, accedió con gentileza a revisar el borrador del capítulo 7 e hizo varias sugerencias excelentes. Ella también me presentó la obra de David Pileggi, rector de la Iglesia de Cristo en Jerusalén, cuyo entendimiento en cuanto al mundo judío de Jesús fue tanto útil como fascinante, y a Joseph Telushkin, un líder espiritual judío y escritor que tiene muchas cosas valiosas que decir sobre la ética judía, incluyendo la ética en el hablar. Algunas de sus ideas se incorporaron en el capítulo 10.

Mark Buchanan es tanto cliente como amigo, y también es uno de mis autores favoritos. Así que no es coincidencia que su influencia se haga evidente a lo largo del libro.

Además de los ya mencionados, quiero reconocer de manera particular el trabajo de Miroslav Volf. Su libro *The End of Memory* [El final de la memoria] tuvo una gran influencia en mi comprensión del difícil tema de cómo se pueden enfrentar los recuerdos de las ofensas sufridas de manera redentora.

Como siempre, mi asistente, Barbara Adams, ha ofrecido una ayuda invaluable para localizar citas, obtener los permisos necesarios y hacer las correcciones a varios borradores del texto. Su paciencia y apoyo entusiasta son una bendición constante que no doy por sentada. Estoy también en deuda con Linda Bieze, Leslie Dennis, Joan Huyser-Honig, Harriett Jones y Patti Swets por sus oraciones a favor de que se escribiera este libro. Semana tras semana las persistentes oraciones de estas mujeres, que son como mis hermanas, me alentaron y me permitieron avanzar.

Cualquier deficiencia en el libro, por supuesto, solo puede acreditarse a mi persona. Cualesquiera que estas sean, espero que al hacer un balance, este sea un libro que lleve a muchas personas a una vida de una paz más profunda.

Capítulo uno

La paz
que anhelas

Un día estaba un padre sentado en su cuarto de estudio, tratando de trabajar mientras vigilaba a su hijo pequeño. Buscando alrededor algo con qué ocupar al muchacho, arrancó una fotografía 'del planeta tierra de las páginas de una revista. Rasgó la foto en pedazos pequeños, puso todos los trozos de papel azules y verdes en sus manos y se los ofreció al niño como un regalo. «Aquí tienes un rompecabezas para que lo armes», le dijo.

El niño salió de prisa de la habitación para armar el rompecabezas, parecía contento con su nueva tarea. De regreso a su trabajo, el padre sonrió, confiado en que podía contar con cierto tiempo libre de interrupciones para trabajar. Pero su sentido de satisfacción se desvaneció por completo cuando el niño regresó a la habitación, anunciando con voz triunfal que había terminado de armar el rompecabezas.

«¿Cómo pudiste armarlo tan rápido?», preguntó el padre sorprendido.

«Fue fácil», respondió el niño. «Hay una persona por el otro lado de la página, y cuando pones en orden la persona, pones en orden el mundo».

La no premeditada sabiduría del niño nos lleva a la esencia de nuestra búsqueda de paz.

Tal vez estás leyendo este libro porque te preguntas cómo sería la vida si pudieras encontrar una forma de desterrar tu ansiedad o dejar a un lado los pensamientos que te asedian y te privan de paz. O tal vez esperas librarte de recuerdos que te controlan y perturban. O es posible que estés seguro de que explotarás si se añade solo una cosa más a tu atormentada agenda. Cualesquiera que sean las circunstancias, deseas que la paz que Dios promete sea más evidente en tu vida.

Hubo momentos en mi propia vida en los que pensé (pero sin admitirlo) que el dinero me haría sentir segura. En otras oportunidades, estuve segura de que la vida se tranquilizaría si encontraba la manera de ejercer más control sobre mis circunstancias y sobre las personas que me causaban dificultades. Tal vez te has sentido atraído por otras estrategias, edificando tu vida sobre la suposición de que la paz llegará en cuanto encuentres la relación perfecta, las vacaciones perfectas, el trabajo perfecto. Por supuesto, no hay nada malo en unas buenas vacaciones o en un buen trabajo. Y encontrar a alguien que te ame, es uno de los grandes regalos de la vida. Todas estas cosas pueden añadir felicidad a tu vida, pero ninguna es capaz de producir la paz que Dios promete.

El problema no es tanto que estemos buscando un tipo de paz que no existe (volveremos a tocar este tema más adelante), sino que estamos buscando la paz en los lugares equivocados. Es como buscar la ciudad de Nueva York en Florida. Sin importar cuántas veces hagas el recorrido desde Jacksonville hasta Key West, nunca la encontrarás.

Entonces, ¿qué debemos hacer? Tal vez es tiempo de pedirle a Dios que nos enseñe sobre el tipo de paz que él promete dar, de dejar que nos «ponga en orden» como personas hechas a su imagen.

Tal vez la mejor manera de perseguir nuestros sueños de paz será enfocarnos primero en los sueños de Dios para nosotros. ¿Quiénes quiere él que seamos? ¿Qué quiere él que creamos? De algo podemos estar seguros. La paz que Dios promete no es un tipo de paz solitaria y egoísta, no es como el oro que guardamos y amontonamos. Su paz es más bien como la levadura. Puede convertirnos en personas cuyas vidas pueden tocar el mundo, transformándolo con gracia y verdad.

Para la mayoría de nosotros, la palabra *paz* encierra cierta nostalgia, y esa característica de «si tan solo». «Si tan solo pudiera tener un mejor trabajo»; «si tan solo pudiera tener unas vacaciones»; «si tan solo me hubiera casado con alguien con quien me pudiera llevar bien»; «si tan solo mis hijos me prestaran atención»; «si tan solo pudiera retirarme». Este sentimiento de nostalgia surge porque podemos pensar en innumerables cosas que impiden que experimentemos la paz que deseamos. Siempre, la paz que deseamos parece estar fuera de nuestro alcance. Esto es cierto sobre todo en determinadas etapas de nuestra vida.

Hace algunos años, comencé a pensar en cómo celebraría un cumpleaños importante cuando todavía faltaba mucho tiempo. Como madre de dos niñas pequeñas, deseaba un poco de paz, tiempo para escapar de las incesantes demandas que siempre hacen los niños. Deseaba hacer lo que yo quisiera todo el día, y hacerlo durante una semana, sin que nadie estuviera tirando de mí, sin que nadie me necesitara, y sin que nadie me hiciera reclamo alguno.

Dos años antes de ese cumpleaños, decidí que lo celebraría en alguna isla que fuera un paraíso. Tal vez en las Islas Caimán. Tan solo pensar en ello me hacía sentir más relajada, anticipando la arena cálida acariciando cada paso, el agua azul verdosa extendiéndose hacia el horizonte. Cuando faltaba un año, pensé que pudiera ser más práctico planificar un viaje a Florida. Hay muchas playas primorosas en Florida. Seis meses antes de mi significativo cumpleaños, mi deseo era un fin de semana en Chicago. Luego, una semana antes del gran día, pensé: «¡Si tan solo pudiera salir al centro comercial!».

Cada uno de nosotros puede traer a colación su propia lista de «si tan solo»... de las cosas o personas que hacen que nuestra vida parezca más quebrantada y estresante. Tal lista, por supuesto, implica que la paz es situacional.

Experimentaremos paz una vez que nuestras circunstancias problemáticas se resuelvan, una vez que la persona difícil se mude, una vez que encontremos un nuevo trabajo. Por supuesto, las circunstancias sí afectan nuestro sentido de felicidad, ¿pero qué sucede cuando nuestras circunstancias permanecen igual de frustrantes, como sucede tantas veces?

¿Aún podemos encontrar la paz que Dios promete? ¿O somos la gran excepción, la única persona para quien no es válida su promesa?

Escucha por un momento algunas de las promesas que Dios nos hace en las Escrituras:

Al de carácter firme lo guardarás en perfecta paz, porque en ti confía. (Isaías 26:3)

El fruto del Espíritu es amor, alegría, paz, paciencia, amabilidad, bondad, fidelidad, humildad y dominio propio. (Gálatas 5:22-23a).

La paz les dejo; mi paz les doy. Yo no se la doy a ustedes como la da el mundo. No se angustien ni se acobarden. (Juan 14:27)

¿Es esto en realidad lo que quiso decir Dios cuando escribió estas cosas? Si es así, ¿de qué tipo de paz estaba hablando? ¿Y qué quiso en verdad decir Jesús cuando habló de «mi paz» y de darla no «como la da el mundo»? Además, ¿cómo pudo Jesús decir estas cosas en la que debió haber sido la noche más difícil de su vida? Solo poco tiempo después se postraría sobre su rostro en Getsemaní, orando a su Padre por los temibles sucesos que pronto le sobrevendrían. A sus discípulos letárgicos y poco dispuestos a la oración, Jesús les dijo: «Es tal la angustia que me invade que me siento morir» (Marcos 14:34). Él sabía, aunque ellos no, que en solo unas horas sufriría arresto, abandono y muerte. ¿Cómo, entonces, podía hablar de paz y de tener tanta que podía dar?

Las primeras palabras que Jesús dijo a sus discípulos después de su resurrección, cuando se reunieron, son estas: «¡La paz sea con ustedes!» (Juan 20:19, 21), como si conociera con exactitud su necesidad, y que estaban aterrados ante los romanos y los líderes religiosos que conspiraron para dar muerte a su rabí. Se encontraban en tremenda confusión porque todo aquello en lo que creían estaba ahora en dudas por su muerte. ¿Jesús fue solo un tonto soñador y ellos sus ingenuos discípulos?

La frase hebrea que probablemente usó Jesús para saludar a sus asombrados amigos fue esta: *Shalom aleikhem* — «Paz sea sobre ustedes». Este es un saludo tradicional por medio del cual muchos judíos continúan saludándose unos a otros hoy. Pero en lugar de desear para sus discípulos la paz de forma común, de cada día, Jesús en realidad estaba entregando paz en persona. Al notar las heridas en sus manos y verle vivo de nuevo, sus discípulos sabrían que no era un soñador. En verdad él era el tan esperado Mesías. Esta impactante comprensión debe haber producido en ellos un tipo de paz nueva y más profunda, una que nunca hubieran imaginado. Para comprender la importancia plena de las palabras de Jesús, será útil preguntar lo que significa la palabra bíblica *shalom* y lo que revela acerca de la naturaleza de la paz que Dios promete dar.

Comparar la palabra española «paz» con la palabra hebrea *shalom* es como comparar una rama con un tronco o un niño con un hombre. Cuando pensamos en paz, nuestra tendencia es a pensar en una sensación interior de calma o de ausencia de conflicto. La idea de *shalom*, sin embargo, significa esas cosas y más. Significa «bienestar», «plenitud», «perfección», «seguridad», «buena salud», «éxito», «integridad», «vitalidad», y buenas relaciones entre las personas y las naciones. Cuando hay *shalom*, todo es como debe ser, nuestras vidas son lo que Dios quiere que sean, nuestro mundo está en el orden que él deseó.

Experimentar paz en su plenitud es experimentar sanidad, satisfacción, prosperidad. Estar en paz es estar feliz, realizado. Es una señal de la vida bendecida, de la nueva creación. La paz tiene en ella el olor del paraíso. Nos ofrece un anticipo del mundo venidero.

Los evangelios utilizan la palabra griega *eirene* para «paz». Un comentarista dice que la paz «es un estado del ser en el que no hace falta nada y no hay temor de ser turbado en su tranquilidad; es euforia unida con seguridad». No sé en tu caso, pero a mí me encantaría un poco de «euforia unida con seguridad». ¿Pero es esto lo que Dios promete en esta vida? La historia nos habla de mártires que fueron a la muerte con gozo y en paz. Y Pablo, escribiendo desde la prisión, dice que ha «aprendido a vivir en todas y cada una de las circunstancias» (Filipenses 4:12). Pablo parece estar diciendo que es posible aprender a estar en paz a pesar de nuestras circunstancias.

Aun más, parece que hasta Jesús no siempre experimentó paz emocional. Podemos apreciar su enojo al ver que el templo se había convertido en un mercado, o sus lágrimas ante la muerte de su amigo Lázaro, o su agonía en el huerto de Getsemaní.

Tal vez ni Jesús ni su Padre estén prometiendo que siempre *sentiremos* paz, al menos mientras estemos aquí en la tierra. Es posible que estén más preocupados de que aprendamos a basar nuestra vida en la paz que Cristo ganó, experimentando una *shalom* cada vez más profunda al seguirle a él.

Sabemos que el pecado destrozó la armonía original del mundo. Como un coctel molotov que se lanza en el patio trasero, el pecado hizo explotar el mundo que Dios había creado, quebrándolo y dividiéndolo. En lugar de integridad, ruptura; en lugar de salud, enfermedad; en lugar de amistad con Dios, alejamiento; en lugar de paz, contienda.

Como vivimos en este mundo caído que aún espera su plena redención, solo podemos vislumbrar la plenitud de la *shalom* de Dios. Algunas veces sentimos ese tipo de paz mientras adoramos con otros, o cuando oramos en quietud, o cuando pedimos y recibimos perdón. *Shalom* es vida tal y como debe ser. Las cosas torcidas se enderezan. Las cosas dañadas se sanan.

La Biblia ubica la *shalom* en un solo lugar: en Dios mismo. En el comienzo de la historia de su pueblo, Dios instruyó a Moisés que les concediera esta bendición:

> *El Señor te bendiga*
> *   y te guarde;*
> *el Señor te mire con agrado*
> *   y te extienda su amor;*
> *el Señor te muestre su favor*
> *   y te conceda la paz. (Números 6:24-26)*

Encontramos paz al vivir en armonía con Dios. Al hacerlo, nuestras divisiones, tanto externas como internas, comienzan a sanar. Llegamos a estar completos, realizados. La armonía que tenemos con él produce a cambio armonía con otros y armonía con nosotros mismos.

Tengo que admitir que todavía no he encontrado a alguien que parezca estar en perfecta paz. Pero sí conozco a algunos que parecen estar más cerca de ese ideal que otros.

El señor José es el conserje de la escuela de mi hija. Aun sin tener un trabajo de elevada posición, es el hombre más admirable que conozco. Los padres y los alumnos aman al señor José porque es amable incluso con los niños más difíciles. La paz que él irradia ayuda a marcar la pauta para toda la escuela.

Conozco a un pastor y a su esposa que han experimentado cosas extraordinarias en su ministerio. Cada vez que escucho que van a realizar una próxima aventura, comienza a revolverse mi estómago por causa de los riesgos que corren. Los he observado mientras escuchan a Dios y luego toman decisiones que solo pueden funcionar si Dios está en el asunto. Y él sí se hace presente, muchas veces de forma admirable. Es posible que conozcas personas como estas, que están dispuestas a enfrentar desafíos con un profundo sentido de que sin importar lo que suceda, Dios sigue estando con ellos.

Todos nosotros llegamos a nuestra búsqueda de paz desde lugares ligeramente diferentes. Confieso que uno de los pasajes que menos me gusta de las Escrituras está en 1 Pedro. En él, Pedro insta a los cristianos de Asia Menor, de manera especial a las mujeres, a desarrollar «un espíritu suave y apacible» (1 Pedro 3:4). Esto siempre me ha sacado de quicio, tal vez porque, aunque no soy ruidosa ni impetuosa, no me describiría como alguien apacible. ¿Y por qué, me pregunto, Pedro se dirige solo a las mujeres? ¿Están los hombres fuera, libres para comportarse de forma ruda y brutal? ¿Pudiera alegarse que los hombres en particular tienen una necesidad de reinar en sus agresiones?

He estado tentada a concluir que Pedro prefería mujeres que fueran pasivas y débiles en lugar de fuertes y seguras de sí mismas. Tal preferencia parecería encajar en el estereotipo de muchos hombres del Oriente Medio incluso en la actualidad. ¿Pero acaso es esto justo? Hace poco comencé a preguntarme si había estado interpretando mal el consejo que Pedro les estaba dando a los primeros cristianos. ¿Y si en lugar de animarlos hacia la debilidad, Pedro los estaba instando hacia la fortaleza, diciendo, en efecto, que fueran capaces de convertirse en personas cuya paz fuera tan fuerte que irradiara un tipo de calma permanente a todos los que los rodeaban?

Al pensar en el consejo de Pedro sobre un espíritu suave y apacible, me he dado cuenta de que algunas de mis peores interacciones, sobre todo con mis hijos, han sucedido cuando he sentido cualquier cosa menos un espíritu apacible en mi interior. En lugar de irradiar calma, temo que a veces he irradiado ansiedad en la forma de comentarios fastidiosos, irritación o enojo. A la luz de tal reconocimiento, la gentileza y la paz de la cual ella brota, de repente comienzan a parecer más atractivas.

Mi necesidad de convertirme en una madre más apacible ha sido mi propio entrante en el tema de la paz. Quiero dejar de preocuparme de manera que pueda ayudar a crear un ambiente en el que puedan crecer la confianza y la fe. Esto es lo que me hace querer explorar lo que quiere decir la Biblia cuando habla acerca de la paz, sobre todo cuando se aplica al espíritu humano. ¿Existen disciplinas, formas de vivir que conduzcan a la paz? Y por el contrario, ¿hay formas de mirar al mundo y responder a él que conducen a la ansiedad y a una vida conflictiva? Este libro representa mi búsqueda de respuestas a estas preguntas. Me acerco al tema no como una experta, no como alguien que ha dominado las cosas que conducen a la paz, sino como un explorador más, a quien el tema le atrae por su propia necesidad. Siendo esto así, el tema principal de este libro no es la paz mundial, sino la paz personal, la cual puede, a su vez, tener influencia en el mundo en que vivimos. Para citar a Wendell Berry: «Uno debe comenzar en su propia vida las soluciones privadas que pueden, a su vez, convertirse en soluciones públicas».

Aunque me acerco al tema con mis necesidades particulares en vista, comprendo que otros se sentirán atraídos al mismo desde diferentes direcciones. Tú puedes, por ejemplo, estar sintiendo la necesidad de reparar una relación muy tensa. O tal vez has estado frustrado por heridas del pasado que no han sanado. O quizá estás molesto por el ritmo y la inseguridad de la vida moderna. Quieres encontrar vías para disminuir la velocidad y calmarte.

Por supuesto, hay incontables obstáculos para descubrir la paz que anhelamos. Por ejemplo, aunque vivimos en la nación más rica del planeta, muchos de nosotros estamos afectados por la inseguridad financiera. Durante la reciente confusión económica, confieso que estuve muchas noches sin dormir, preguntándome si mis ahorros se desvanecerían como consecuencia de un tsunami económico. ¿Cómo mandaría a mis hijos a la universidad?, y si no puedo pagar las cuentas, ¿cómo voy a cumplir el mandato bíblico del diezmo cuando los negocios están en tan mala situación financiera? Me gustaría poder decirte que salí airosa de esto, confiando en la provisión de Dios, pero eso no sería del todo cierto. Y quizá tampoco sería cierto para muchos otros que perdieron mucho más que una buena noche de sueño. ¿Es posible experimentar *shalom* aun en medio de tanta tensión y dificultad?

¿Y qué decir de las enfermedades psicológicas como la ansiedad y la depresión clínica? Aunque la medicina y la terapia pueden ayudar, no siempre pueden vencer nuestros temores.

¿Recuerdas la película *Psicosis*? Tengo una amiga que nunca se da una ducha si está sola en casa, no vaya a ser que Norman Bates ande por el vecindario. Todo parece indicar que ella no está sola en sus temores. He aquí lo que unos cuantos más que se reconocen neuróticos dicen acerca de darse una ducha. Sus comentarios se encuentran en un sitio web bajo el título «Soy neurótico».

Si estoy solo en casa y decido darme una ducha, me da mucho miedo que alguien pueda entrar en la casa y matarme mientras estoy desnudo y vulnerable. Para evitar que esto suceda, me pongo a cantar en la ducha diferentes géneros de canciones (rap, canciones temas de programas, country). Lo hago con la esperanza de que el asesino pueda disfrutar uno de esos tipos de música y decida no matarme.

Segundo comentario:

Tengo el mismo temor, pero salgo de la ducha y la dejo abierta. De esta forma, cualquiera que esté esperando que acabe, no sabrá que ya salí del baño. Entonces me envuelvo bien en una toalla, tomo el palo que tengo junto a la alfombra y abro rápido la puerta, listo para atacar. Si algo sucediera, tengo el elemento sorpresa a mi favor.

Tercer comentario:

Si estás cantando música country, es posible que sí te maten.

De la cantidad de respuestas adicionales al artículo inicial, parece claro que cualquiera de estas noches habrá miles de personas cantando a toda voz en la ducha, no porque se sientan despreocupadas, ¡sino porque desean, llenas de angustia, asustar a un asesino en serie!

Nos reímos ante las historias de estos confesos neuróticos, pero la neurosis no representa nada gracioso para aquellos que la sufren. Hace muchos años comencé a desarrollar una fobia a volar. Comencé con miedo a subirme en un avión. Esto era un problema ya que mi trabajo en ese tiempo implicaba muchos viajes. La más sencilla turbulencia resultaría en manos sudorosas y un corazón acelerado. Un día mientras volaba llena de temor por el país, sentí como si Dios me diera un codazo.

—¿A qué le temes?

—A estrellarnos y morir.

—Y entonces, ¿qué pasaría?

—Bueno, estaría contigo.

—Entonces, ¿a qué le temes?

Mientras proseguía este debate, vino a mi mente otro pensamiento: *El amor perfecto echa fuera el temor.* Siempre había interpretado que este pasaje de las Escrituras significaba que una vez que he alcanzado el perfecto amor, ya no experimentaría más temor. De repente se me ocurrió que Dios mismo personifica el perfecto amor. Su amor podía echar fuera mi temor. Así que le pedí que quitara de mi vida el miedo a volar, que lo sacara por medio de su presencia de modo que no existiera espacio en mi mente para él. De inmediato sentí paz y la fobia que había estado desarrollando se detuvo en seco. Desde entonces he tenido algunos ataques ocasionales de miedo durante un vuelo difícil, pero no algo a lo que pueda llamar fobia.

¿Por qué te cuento esto? Al menos en parte para que estés seguro de mis credenciales como persona en búsqueda de paz. También para darte permiso a examinar tus propios miedos a la luz de la gracia de Dios y de la paz que él quiere ofrecerte.

El temor, por supuesto, es una emoción natural. Cuando opera de manera apropiada, nos puede ayudar a sobrevivir en circunstancias amenazadoras. Por ejemplo, ninguno de nosotros se sentiría cómodo paseando por la carretera con un tornado a la vista. Nuestro temor nos ayuda a hacer cosas prudentes; en este caso huir lo más rápido posible hacia un refugio o acostarnos boca abajo en alguna zanja. Pero el miedo que ha hecho metástasis y se ha convertido en ansiedad generalizada o que ha crecido a proporciones de fobia, no es natural ni provechoso. Tales temores pueden dañar nuestras relaciones y amargar tanto el futuro como el presente.

El temor también tiene un misterioso poder de atracción; es decir, puede atraer a nuestra vida las cosas a las que tememos. Recuerdo el momento en que me encontré la famosa cita del primer discurso de Franklin D. Roosevelt: «La única cosa a la que debemos temer es al propio temor». Todavía era una niña, pero pensé que aquello no tenía sentido. Sabía que había cosas a las que temer; una serpiente puede morderte, un auto puede atropellarte, tu mamá pudiera morir. No comprendí que Roosevelt, citando a Francis Bacon, estaba tratando de unir al pueblo en el medio de la Gran Depresión, advirtiéndoles sobre el poder destructor del miedo. Él sabía que el pánico financiero podía resultar en una ruina financiera. Nuestros temores pueden atraer lo que más tememos.

Como el temor, el estrés es también una parte normal de la vida. Pero el ritmo de la vida moderna ha elevado de manera vertiginosa los niveles de estrés. Hace algunos años, un periódico de los amish se vio inundado con cientos de cartas de personas que querían saber cómo convertirse en amish. Muchas de estas personas estaban buscando una vía para abandonar la sociedad moderna y así poder alcanzar lo que ellos veían como una vida más apacible, sin darse cuenta de que vivir con las austeridades de los amish puede producir su propio tipo de estrés en los que no están acostumbrados a ellas.

Aunque las modernas sociedades occidentales han producido muchas cosas maravillosas, por lo general no han producido culturas que contribuyan a desarrollar un sentido de paz personal. No es de sorprender que la palabra Swahili para «hombre blanco» —*mzungu*— signifique literalmente «uno que anda dando vueltas».

Robert Sapolsky, profesor de biología y neurología en la Universidad Stanford, señala que el estrés prolongado «puede causar estragos en tu metabolismo, elevar tu presión arterial, hacer estallar tus glóbulos blancos, hacerte flatulento, arruinar tu vida sexual, y por si esto fuera poco, tal vez dañar tu cerebro».

Cómo hablar de buenas noticias.

¿Y qué decir de aquellos de nosotros que no solo sufrimos de estrés prolongado sino también de depresión? Es imposible, por supuesto, cuantificar tal sufrimiento. Para nuestra dicha, los medicamentos y la terapia pueden ser instrumentos que Dios usa para llevarnos a un lugar de mayor paz, pero los medicamentos tienen sus limitaciones. Aunque pueden aliviar y algunas veces borrar nuestro sufrimiento, no pueden a la postre ofrecernos el tipo de paz que Dios está prometiendo.

Esa paz la conquistó la persona que conocemos como el Príncipe de paz, o en hebreo *Sar Shalom*. Aunque Jesús habló de traer espada, él también trajo *shalom* a todo el que abraza el evangelio.

- A la mujer que sangraba por doce años, le dijo: «¡Hija, tu fe te ha sanado! [...] Vete en paz y queda sana de tu aflicción» (Marcos 5:34).
- A la mujer que lavó sus pies con lágrimas, le dijo: «*Tu fe te ha salvado [...] vete en paz*» (Lucas 7:50).

- Al discípulo que dudó, le dijo: «*¡La paz sea con ustedes! [...] Y no seas incrédulo, sino hombre de fe*» (Juan 20:26-27).
- A sus discípulos, antes de su muerte, les dijo: «*Mi paz les doy*» (Juan 14:27).

En estas escenas y en muchas otras de los evangelios, vemos a Jesús restaurando lo que está roto, sanando lo que está torcido, salvando lo que está al borde de la destrucción. Si deseamos paz, debemos abrazar al que la ofrece. Vivir como discípulos suyos es la única forma de experimentar todo lo que Cristo tiene para nosotros.

Volvamos a las palabras que Jesús habló a sus discípulos la noche antes de su muerte: «La paz les dejo; mi paz les doy. Yo no se la doy a ustedes como la da el mundo. No se angustien ni se acobarden» (Juan 14:27).

La paz en nuestro mundo por lo general se gana y mantiene por el poder militar. Pero la paz que Jesús ofreció a sus discípulos es un tipo de paz diferente, que se ofrece de manera diferente. Es una paz que se obtiene no por manifestación de poder, sino por una apreciable manifestación de debilidad; Jesús murió en una cruz como un criminal y un marginado. Por virtud de su amor y su obediencia al Padre, Cristo logró una paz que solo él pudo ganar. Como fue divino y humano, solo él pudo representar los intereses tanto de un Dios santo como de una humanidad pecadora.

Esta es la paz que Jesús estaba ofreciéndoles a sus discípulos la noche antes de su muerte. Como un padre que comprende que el mundo de sus hijos se hará pedazos en el momento en que ya no esté con ellos, trató de asegurarles que, al final, todo estaría bien. Como él vivió en perfecta obediencia al Padre, podemos tener paz con Dios, y esa paz puede ser el fundamento inconmovible sobre el cual se construyan nuestras propias vidas.

Pero seguimos siendo humanos, seguimos sujetos a emociones que no siempre están en línea con las realidades espirituales. Y aún queda una dimensión futura de la paz de Dios. Vivimos en un mundo deshecho; aún somos personas desechas. Cristo todavía no ha regresado para establecer la paz que durará por siempre, amén. A veces, nuestro propio mundo parecerá caerse en pedazos, como sucedió con el suyo la noche antes de su muerte. Podemos sentirnos con miedo, estresados, frustrados, apenados, enojados o confundidos. Las fuerzas espirituales de maldad pudieran tratar de robar nuestra fe.

Conociendo esto, Jesús nos envió a su Espíritu para guiarnos en la senda de la paz. El Espíritu nos guiará mientras buscamos seguir a Cristo, creciendo en paz y ofreciendo esa paz a los demás. Dios lo usa todo en nuestra vida, lo mejor y lo peor, lo más fácil y lo más difícil, para llevar a cabo nuestra sanidad y reconstruir su imagen en nosotros. Mientras nos rehace, nos acordamos de la historia al comienzo de este libro, la del niño que armó el rompecabezas de la foto del mundo hecha pedazos. Al volver a moldear nuestra alma, Cristo nos transforma en instrumentos que podemos usar para volver a armar el mundo.

Etty Hillesum fue una mujer judía que escribió sobre la paz en uno de los momentos menos apacibles de su relativamente corta vida. Encarcelada por los nazis durante la Segunda Guerra Mundial, pereció en Auschwitz el 30 de noviembre de 1943. Aunque pudo haberse escondido, evitando así correr la suerte de millones de judíos, se rehusó a hacerlo, escogiendo más bien «compartir la suerte de su pueblo». Un año antes, en septiembre de 1942, ella escribió en su diario:

«Permítanme anotar una cosa más: Mateo 6:34: "Por lo tanto, no se angustien por el mañana, el cual tendrá sus propios afanes. Cada día tiene ya sus problemas".

»Esas pequeñas preocupaciones por el mañana, tenemos que combatirlas cada día como a las pulgas, porque ellas socavan nuestras energías. Hacemos provisiones mentales para los días venideros, y todo resulta diferente, muy diferente. Suficiente para el día. Las cosas que se tienen que hacer hay que hacerlas, y por el resto no debemos permitirnos el llegar a estar plagados de miles de miedos y preocupaciones insignificantes, tantas indicaciones de falta de confianza en Dios... A fin de cuentas, tenemos solo una responsabilidad moral: reclamar grandes áreas de paz en nosotros, más y más paz, y reflejarla hacia los demás. Y cuanta más paz haya en nosotros, más paz habrá en nuestro atribulado mundo».

Esa es la misión de este libro, ayudarnos a reclamar grandes áreas de paz dentro de nosotros de modo que haya más paz en nuestro atribulado mundo. Al hacerlo, nosotros, también, tendremos que batallar contra las plagas de temores y preocupaciones de cada día, las continuas «indicaciones de falta de confianza en Dios», remplazándolas con la paz que viene de descansar en el carácter de Dios.

Los capítulos siguientes exploran diversas dimensiones de la paz que Dios nos ofrece. Los primeros seis capítulos intentan poner un fundamento para vivir una vida de más paz, al explorar importantes temas como la fe, el perdón y la pertenencia, sin los cuales no podemos encontrar la paz que anhelamos. El resto de los capítulos miran a temas como la sencillez, el descanso y la gratitud para explorar cómo podemos crecer en paz y al mismo tiempo aprender a comunicar esa paz a otros.

Un pequeño libro con un gran tema, *La paz que Dios promete* no te dirá todo lo que deseas saber acerca de la paz, pero bien pudiera hacerte iniciar un viaje que cambiará tu vida. Si la tuya se parece en algo a la mía, el progreso en ese viaje puede ser a veces difícil de medir. Incluso es posible que te sientas como si dieras un paso hacia adelante y dos hacia atrás. Como la vida misma, nuestro progreso hacia la paz no sigue un camino en línea recta. Sin embargo, al seguir viviendo para Cristo, encontrarás que al final, incluso los momentos menos apacibles en tu vida te habrán acercado más a quien es nuestra paz. El misterio de cómo es que esto sucede reside no tanto en nuestros propios esfuerzos, sino en la gracia de Dios y en su inquebrantable deseo de cumplir con la promesa que ha hecho.

Para experimentar la paz que deseamos, es esencial que miremos de cerca las historias que nos moldean, las narraciones que definen nuestra comprensión del mundo y nuestra respuesta a las personas y los sucesos que encontramos. ¿Por qué? Porque esa narraciones son un poco como los aviones invisibles para los radares. Al igual que estos aviones que vuelan sin que los radares los detecten, las historias que vivimos muchas veces desarrollan y maduran por debajo de nuestra consciencia. No obstante, poseen tremendo poder para llevarnos más cerca de la paz o más lejos de ella.

En busca de la paz

1. Muchos de nosotros creemos que la paz depende de nuestras circunstancias. «Si tan solo» tuviera más dinero, más tiempo, más paciencia, entonces nos sentiríamos en paz. ¿Cuáles son algunos de tus «si tan solo»?

2. ¿De qué maneras mostró Jesús ser un hombre de paz?

3. Etty Hillesum dijo: «A fin de cuentas, tenemos solo una responsabilidad moral: reclamar grandes áreas de paz en nosotros, más y más paz, y reflejarla hacia los demás. Y cuanta más paz haya en nosotros, más paz habrá en nuestro atribulado mundo». ¿Cómo sería tu vida si tomaras a pecho esta declaración?

4. Describe un momento en tu vida en el que sentiste paz. ¿Qué hizo que te sintieras así?

CAPÍTULO DOS

HÉROES E HISTORIAS

El Dr. Michael Burry solo tiene un ojo sano; como el resultado de una operación a la que se sometió después que le diagnosticaran a los dos años de edad una forma extraña de cáncer. Aunque Burry ganó la batalla contra el cáncer, perdió su ojo izquierdo. Después de eso, cada vez que Michael trataba de mirar a alguien a los ojos, como los adultos le decían siempre que hiciera, la persona a la que estaba mirando tendía a desviarse un poco a la izquierda en su campo de visión. Eso le provocaba sentirse fuera de balance, siempre un poco diferente.

Aunque era un excelente estudiante con la capacidad de enfocarse muy bien en temas de su interés, Burry se las arregló para pasar por el preuniversitario, la universidad y la escuela de medicina sin forjar una sola amistad duradera. Atribuía sus dificultades sociales al hecho de ser un hombre de un solo ojo en un mundo de dos ojos.

Incómodo en su interacción con los demás, Burry vio la práctica de la medicina como un desafío. Mientras trabajaba turnos de dieciséis horas en un hospital en Nashville, se las ingenió para iniciar un blog de inversiones con el fin de explicar los fundamentos de sus pronósticos de las acciones en el mercado a cualquiera que

quisiera escuchar. No tardó mucho en tener un creciente número de fieles seguidores. Por último, mientras era residente como
el personal del Hospital Stanford, en la Universidad de Stanford,
decidió dejar atrás su carrera como médico para convertirse en
inversionista. Poco después, Burry inició un fondo de cobertura
con el nombre de *Scion Capital*. Ahora puede pasar horas solo, en
el refugio de su oficina, investigando sobre acciones y aconsejando
a sus clientes a través del correo electrónico. La gran inteligencia
de Burry pronto produjo brillantes ganancias en el mercado. En su
primer año, cuando la *S&P 500* había descendido casi un doce por
ciento, *Scion* había subido un cincuenta y cinco por ciento.

Entonces sucedió algo que transformó su forma de verse a sí
mismo. A su hijo pequeño le diagnosticaron un caso típico de síndrome de Asperger, una forma de autismo de alto funcionamiento.
Conmocionado por el diagnóstico de su hijo, Burry comenzó a
comprender que muchas de sus propias diferencias no se podían
explicar por medio del «síndrome de un solo ojo» que él había
desarrollado para poder entenderlas. Una vez que aceptó el hecho
de que él, también, tenía Asperger, de repente entendió por qué le
gustaba pasar hora tras hora solo, metabolizando informes financieros que pondrían a dormir a otros. No era de extrañar que él
pudiera atrapar detalles que no veían otros analistas.

La habilidad de Burry para obsesionarse con asuntos que le
interesaban le sirvió mucho cuando comenzó a prestar atención a
los bonos de hipotecas de alto riesgo. A finales de 2004 y principios de 2005, pasó meses absorto en cientos de tediosos informes
para descubrir todos los detalles de cómo funcionaba el mercado.
Mientras más leía, más se daba cuenta de que el mercado de hipotecas de alto riesgo era un gigantesco castillo de naipes esperando
a colapsar ante el más leve viento contrario.

Mientras otros inversionistas estaban engullendo instrumentos de deudas exóticas con hipotecas de alto riesgo, Burry apostó

contra el mercado al comprar canjes de crédito impagados y pólizas de seguro que actuaban como una cobertura contra incumplimientos. En poco más de dos años su apuesta se amortizaría en gran manera.

Michael Burry fue el primer inversionista en entender que el mercado de hipotecas de alto riesgo se encaminaba al colapso. Pronto un grupo de otros inversionistas llegaría a conclusiones similares, revelando una historia de avaricia, complejidad, estupidez y fraude dentro del mercado. Al conocer la verdadera historia de lo que estaba ocurriendo detrás de la escena, estuvieron en una posición que les permitió hacer una enorme cantidad de dinero. Aunque algunos trataron de sonar la campana de advertencia, nadie escuchó. En vez de hacerlo, los consideraron locos, refunfuñones, paranoicos y que no estaban al tanto del desenvolvimiento del mercado. Como esos inversionistas actuaron en conformidad con sus creencias al apostar contra el mercado, hicieron miles de millones en el momento exacto en que se borraban del mercado un billón de dólares. Michael Lewis cuenta esta historia con fascinantes detalles en su libro *The Big Short*.

Es cierto, lo que uno cree tiene una enorme influencia en cómo se desenvolverá nuestro futuro. Es posible que seas un hombre de un solo ojo en una sociedad de dos ojos, pero si tu visión es clara y tienes la historia clara, permanecerás de pie cuando otros caen.

Las narrativas, las historias que dan explicación a nuestra vida y al mundo en que vivimos, son importantes, de manera particular cuando se trata de asuntos de fe. La historia que tú abrazas tiene un inmensurable poder para moldear tu vida para bien o para mal. Si Michael Burry hubiera adoptado el tipo de «historia de idea de grupo» que dominaba el mercado en ese tiempo, al adoptar la postura de que los fundamentos ya no importaban y que las hipotecas de alto riesgo eran seguras siempre y cuando estuvieran en el mismo paquete, él y su inversionistas se habrían perdido una oportunidad única en la vida. En junio de 2008, *Scion Capital* había logrado una ganancia bruta de setecientos veintiséis por ciento desde su comienzo en noviembre de 2000. Durante ese mismo período, el *S&P 500* había reportado un poco más de un dos por ciento.

Aunque la narrativa en que Burry creyó estaba restringida a los mercados financieros, ilustra el poder de creer en una historia que es cierta aun cuando todos los demás te dicen que es falsa. Las historias que abrazas como ciertas te llevarán a algún lugar, muchas veces con profundas consecuencias para tu vida.

Más que desarrollar una acertada narrativa financiera que nos ayude a guiar nuestras inversiones, todos necesitamos una historia suprema que nos ayude a explicar el universo y nuestro lugar en él. Nuestra necesidad de historias —de narrativas que tengan sentido para nuestra vida— parece estar implantada en nuestro ADN. Tal vez es por esto que tantos millones pertenecen a alguna de las principales religiones mundiales. Los hindúes, por ejemplo, creen en miles de dioses así como también en un dios supremo llamado «Brahmán». Los musulmanes creen que «no hay dios sino Alá, y Mahoma es su profeta». Los budistas abrazan la historia de su fundador, Siddharta Gautama, y su búsqueda de un fin para el sufrimiento. Hasta los ateos abrazan una especie de narrativa. De acuerdo con su evangelio, el mundo se creó por casualidad, y estamos solos en el universo sin un dios que nos guíe. Por lo tanto, debemos descansar en la razón para crear un mundo mejor, abandonando las creencias anticuadas que se basan en la superstición y las ilusiones.

Si tuvieras que seleccionar un versículo de la Biblia para resumir la historia que es el cristianismo, puede ser que escojas Juan

3:16: «*Porque tanto amó Dios al mundo, que dio a su Hijo unigénito, para que todo el que cree en él no se pierda, sino que tenga vida eterna*». Esa es la gran historia en la que creemos, el titular que debe infundir aliento a nuestra vida diaria. Dios caminó por la tierra. Dios nos ama. Dios usará su gran poder para salvarnos. Pero somos muy propensos a olvidar. En medio de inquietantes sorpresas que amenazan con alcanzarnos (muerte, enfermedad, divorcio), perdemos de vista la gran historia que Dios está contando. Las dudas se introducen y llevan la narrativa a una dirección por completo diferente. Como un avión furtivo que se desliza bajo el radar, Satanás susurra mentiras que suenan muy creíbles. «Dios me ha abandonado». «Él debe odiarme». «Él nunca responde mis oraciones». «Él nunca me ha amado». «Tal vez todo no es más que un cuento de hadas». Viviendo justo en medio de nuestras propias historias, nos confundimos y no vemos cómo la gran historia de Dios nos permite comprender la nuestra.

El judaísmo, por supuesto, se basa en su propia historia sagrada, una que define la historia de su pueblo. En su novela *The Gates of the Forest* [Las puertas del bosque], Elie Wiesel cita un dicho jasídico que dice así: «Dios creó a los seres humanos porque ama las historias». Tal vez podría decirse también lo opuesto. «Dios creó las historias porque ama a los seres humanos». ¿Por qué pondría tanto énfasis en las historias? Por la sencilla razón de que las historias pueden transmitir la verdad a diferentes niveles: intelectual, emocional y espiritual. Nos impactan en formas que una mera relación de hechos no haría. A riesgo de poner palabras en la boca de Dios, uno pudiera citar un personaje de una novela de Virginia Woolf que expresaba: «Para hacerte entender, para darte mi vida, debo contarte una historia».

Con toda seguridad Dios nos da su vida y nos ayuda a entender a través de las páginas de la Biblia. Aunque se escribió en un período de muchos siglos, con muchos personajes, argumentos secundarios y diversiones, aun así la Biblia sigue siendo una sola historia; una que nos cuenta muchas cosas importantes acerca de Dios, nosotros mismos y el mundo en que vivimos. Nos dice por qué él creó al mundo, cómo este se arruinó y cuáles son sus intenciones para repararlo, a él y a nosotros.

La ignorancia de estas cosas significa que dejamos de comprender lo que Dios está haciendo en el universo y en nuestras propias vidas. Si no nos apropiamos de la historia que él está contando, nuestras vidas permanecerán desconectadas y sin propósito. Estamos hoy aquí y nos iremos mañana sin ningún significado particular para nuestra vida.

En su libro *El conocimiento del Dios Santo*, J. I. Packer destaca la importancia de conocer acerca de Dios: «Igual que sería cruel montar en un avión a un miembro de una tribu amazónica y llevarlo a Londres, ponerlo sin darle explicación alguna en la Plaza de Trafalgar y dejarlo allí, sin saber nada de inglés ni de Inglaterra, para que se valga por sí mismo, así seremos crueles con nosotros mismos si tratamos de vivir en este mundo sin conocer acerca del Dios cuyo mundo es este y él lo gobierna. El mundo llega a ser un lugar extraño, loco y doloroso, y la vida en él un negocio decepcionante y desagradable, para aquellos que no conocen de Dios».

El Nuevo Testamento lleva la historia bíblica más adelante, presentado al Hombre que le da su plena explicación. Aunque los cristianos ven vislumbres de Jesús en las Escrituras hebreas, el Nuevo Testamento lo presenta en carne y hueso, y lo muestra como Dios alcanzándonos, convirtiéndose en uno de nosotros, muriendo y levantándose de los muertos para sanar y restaurar nuestra relación primordial. Gracias a Jesús podemos conocer la paz de pertenecer por completo a Dios.

Abrazar esta historia cambiará tu vida. Marcará tu rumbo. Ejercerá poderosa influencia. Pero ¿cómo la abrazamos? Por supuesto hay un momento o toda una serie de momentos en los cuales damos nuestro asentimiento a esta verdad fundamental, en los cuales le decimos a Cristo que nos arrepentimos de nuestros pecados, le pedimos su perdón y lo invitamos a vivir en nuestra alma. Algunas personas siempre han creído. Otras llegan a la fe de forma más lenta, más dolorosa, más dramática. Recuerdo mi propia conversión; llegando al fin de mí misma y extendiendo mis manos a Dios, esperando en actitud desesperada que él las atrapara pero sin saber siquiera si existía. Y entonces vino la paz, un sentido de bienestar que nunca había conocido, una seguridad de que alguien me amaba, me sostenía y me protegía; como estar bañada de bondad, hasta el cuello de felicidad. Ese fue el momento en que mi añoranza se transformó en fe, cuando hice mía la historia para creerla... y para vivirla.

¿Pero cómo vivirla? La vives al recordarla, al confiar en ella, al apoyarte en ella. Cuando todo se está desmoronando a tu alrededor, te le aferras como si tu vida dependiera de ella porque, por supuesto, es así. Pero confieso que no siempre me aferro tan bien a la historia. Siempre está la tentación de abrazar otra narrativa, de permitir que otro narrador tuerza la historia hacia una dirección diferente, diciéndonos que todo depende de nosotros y muy poco depende de Dios. Cargados por las circunstancias, cometemos el error de «catastroficar» el futuro, respondiendo a la vida con frustración y ansiedad, como si creyéramos que cada dificultad al final nos alcanzará y nos abrumará.

Esa fue más o menos mi condición hace no mucho. Estaba batallando con un asunto difícil, experimentando un sentimiento de desespero con relación a un problema para el cual no parecía haber una buena respuesta. Tenía el presentimiento de que las cosas iban a terminar mal, quizá muy mal. Mientras más pensaba en ello, peor me sentía. En medio de mi angustia, tomé la Biblia, desesperada por escuchar algo de parte de Dios, quien parecía haber estado en silencio.

Comencé a leer donde había dejado la lectura el día anterior. Mientras leía, la historia cobró vida de manera muy fresca. Trataba de sucesos que ocurrieron hace más de dos mil quinientos años. No hacía mucho que los israelitas habían regresado de la cautividad en Babilonia. Mientras leía, vino una pregunta a mi mente. Las otras tribus en la región estaba haciendo casi hasta lo imposible para sabotear el trabajo que los israelitas hacían mientras trataban de reconstruir el templo en Jerusalén. ¿Por qué se oponían tanto a que los israelitas adoraran a su Dios? De repente pensé que la adoración puede ser peligrosa; al menos para los enemigos de Dios. Las personas en esa región deben haber sentido que los israelitas solos serían presa fácil, pero los israelitas con Dios serían una fuerza demasiado fuerte para resistirla.

De repente pensé que esta historia particular pudiera tener aplicación más allá del momento histórico en que ocurrió. Ahora que lo pienso, me sentí como si estuviera en medio de mi propia batalla personal, tratando de creer que Dios ayudaría a pesar de que me sentía tentada a ceder ante el desespero. Comencé a imaginar mi casa como un lugar en el que Dios mora y mi corazón como el altar de Dios. Lo adoré, le di gracias por su amor y fidelidad, y lo alabé por su bondad. Mientras adoraba, sentí que el peso se iba. Unos pocos días más tarde, el infranqueable problema del que me había estado quejando dio un giro inesperado para bien. Aunque no me había dado cuenta, Dios ya estaba trabajando para responder mis desesperadas oraciones. Aunque el enemigo había deseado que yo me rindiera, el Espíritu de Dios me ayudó a encontrar fuerzas al reconectarme con una parte de la historia del pueblo de Dios.

Algunas veces el desafío que enfrentamos es menos dramático. Incluso con pequeñas frustraciones es fácil caer en el hábito de «catastroficar» el futuro. Mi madre, por ejemplo, siempre está dejando regados sus espejuelos. Apenas ve que no los tiene en la cartera, ya da por seguro que los perdió para siempre. ¿Qué hará sin los espejuelos? Costará una fortuna comprar otro par.

Ella no puede manejar sin espejuelos. ¿Cuándo encontrará tiempo para ir al optometrista? Solo un poco más de búsqueda por lo general termina con un suspiro de alivio al encontrar los espejuelos perdidos. Todo este proceso dura alrededor de un minuto y medio. Luego de tantas repeticiones de esta misma situación, lo lógico sería que mi madre asumiera que tan solo extravió los espejuelos, no que los perdió para siempre. Pero su mente va directo al peor escenario. Lo mismo puede sucedernos a mayor escala cada vez que enfrentamos algún tipo de dificultad.

Cuando una de mis niñas está sufriendo y no puedo ayudarla, me siento tentada a creer que Dios no escucha mis oraciones. Cuando una amiga está esforzándose mucho mes tras mes para conseguir un trabajo y nada ocurre, me siento tentada a creer que sus circunstancias son demasiado infranqueables para que Dios las controle. Cuando alguien a quien aprecio decide tercamente encaminarse por una senda peligrosa, me engaño a mí misma pensando que solo yo lo puedo salvar. Cuando un anhelo muy apreciado se desvanece, me olvido de que Dios es fiel y que el futuro aún es bueno. Al ponerme a mí misma y a mis problemas en el centro del universo, me olvido de quién es en verdad el héroe de la historia.

Tal vez a ti te suceda lo mismo. Es muy fácil olvidar todas las veces que ya Dios te ha ayudado si solo estás centrado en las dificultades que enfrentas en este momento. Pablo consolaba a los primeros cristianos de esta manera, diciéndoles: «Consideren bien todo lo verdadero, todo lo respetable, todo lo justo, todo lo puro, todo lo amable, todo lo digno de admiración, en fin, todo lo que sea excelente o merezca elogio. Pongan en práctica lo que de mí han aprendido, recibido y oído, y lo que han visto en mí, y el Dios de paz estará con ustedes» (Filipenses 4:8-9). Pablo da una garantía. ¡*Hagan* estas cosas *y* el Dios de paz estará con ustedes! Muchas veces olvido este sabio consejo de Pablo. En vez de seguirlo, me obsesiono con cualquier cosa que me amenaza, cualquier cosa que es difícil, cualquier cosa que es miserable, cualquier cosa que me fastidia (si algo está roto o está mal), pienso en esas cosas. No es de extrañar que en momentos así el Dios de paz parezca estar lejos. En lugar de distraernos con nuestras dificultades, necesitamos recordar el cuadro completo de lo que Dios ha prometido hacer con nuestra vida.

Cuando Moisés envió a los doce hombres a espiar la tierra de Canaán, solo dos regresaron con un informe positivo. Los doce sintieron exactamente lo mismo, pero regresaron con interpretaciones del todo diferentes. Josué y Caleb estaban deseosos de que Moisés guiara al pueblo hacia la tierra que fluía leche y miel. Sí, los cananeos eran poderosos y sus ciudades grandes y bien fortificadas, pero estos dos hombres estaban confiados en que Dios entregaría a sus enemigos en sus manos. En contraste, los otros diez espías se obsesionaron con los obstáculos, describiendo a los habitantes de Canaán como gigantes, comparados con los cuales ellos se veían como saltamontes. Según ellos, los habitantes de la región devorarían a los israelitas si trataban de invadir su tierra.

¿Qué habrías hecho tú en una situación como esa? Es posible que yo me hubiera puesto del lado de los diez hombres «razonables», cuya observación parecía tener mucho sentido común. Después de todo, esos cananeos eran gente grande. Sus ciudades parecían inexpugnables. Pero esta forma de ver la situación, al parecer razonable, estaba del todo equivocada porque estos hombres dejaron de incluir a Dios en su narrativa, dudando de que él pudiera cumplir su promesa.

Todos nosotros tenemos que enfrentar muchas dificultades en la vida. En esos momentos, no podemos darnos el lujo de entretenernos con pensamientos destructores de la paz y creencias que socavarán nuestros recuerdos de la historia en la cual se basa nuestra vida. Ejercitar nuestra imaginación en forma negativa robará sin dudas nuestra paz, convirtiéndonos en personas temerosas, frustradas y deprimidas. Lo que es más, si desarrollamos un patrón de pensamiento negativo, corremos el riesgo de convertirnos en «ateos prácticos», personas que se llaman cristianas aunque piensan y actúan como ateos.

En lugar de olvidar, necesitamos recordar quién es Dios y lo que ya ha hecho por nosotros, creyendo que él conoce todo por lo que estamos pasando, todo lo que enfrentamos. Necesitamos incorporarlo a nuestra narrativa, o mejor aún, necesitamos recordar que él nos está incorporando a su narrativa. Esto lo hacemos al recordar sus promesas y contar con su ayuda.

Me gradué en la universidad en medio de una recesión. Era difícil conseguir trabajo, sobre todo en mi especialidad. Poco antes de recibir mi título, recuerdo que asistí a un taller al que invitaban a empleadores potenciales para que les hablaran a los estudiantes sobre perspectivas de trabajo. Aunque no esperaba una reunión muy animada, no estaba preparada para los escenarios tan pesimistas que se presentaron. Al sentir que se hundía mi confianza, de repente pensé: «Tú no necesitas cientos de trabajos, tú solo necesitas uno». Me afiancé a esa idea porque la sentía como una promesa de Dios. Y de hecho, dos meses después, se me ofreció una posición inicial en lo relacionado con publicaciones, posición esta que abriría las puertas a mi carrera.

Unas de las razones por las que se nos hace difícil mantener nuestros ojos en Dios es que la diferencia de tiempo entre nuestras oraciones y la respuesta de Dios muchas veces parece insoportablemente larga. Es difícil soportar la ansiedad y la incomodidad que sentimos al esperar. ¿Por qué? Porque nuestra espera resalta el hecho de que no tenemos el control. Sentimos nuestra debilidad como nunca antes. Y cuando por fin llega la respuesta, es posible que necesitemos tiempo para darnos cuenta de que así fue. O la respuesta puede revelarse de manera gradual. O puede que no sea la respuesta que deseamos.

Una manera de tratar con la espera es llenar el tiempo de manera positiva: Escuchar la dirección de Dios, confesar nuestros pensamientos faltos de fe, recordarnos a nosotros mismos, y a Dios, sus promesas, pedirle a su Espíritu que esté obrando, vincularnos con otros en oración y confraternidad. En esos momentos, es de suma importancia recordar la historia que Dios ha provisto para nutrir nuestra fe. Lo podemos hacer al leer las Escrituras de manera regular y luego orar por medio de ellas en nuestra vida.

La autora Lois Tverberg nos cuenta una experiencia que tuvo mientras viajaba por Israel. Visitando un día una clase de niños judíos ortodoxos, se sorprendió al escuchar a uno de ellos describir el pasaje de las Escrituras que acababan de leer de esta manera: «Estamos leyendo la historia de cómo Dios nos trajo de Egipto y nos salvó de los egipcios». A Lois le llamó la atención que el niño había usado el pronombre «nos» en vez de «los», haciendo que sonara como si él y sus compañeros de aula también hubieran cruzado el Mar Rojo junto con Moisés y los israelitas. Era obvio que ese estudiante estaba leyendo la Biblia como si fuera su propia historia. Así es como debemos leerla, porque también es nuestra historia.

Sin importar cuánto leemos las Escrituras, no siempre es fácil ver cómo nuestra propia historia en un momento dado encaja en la historia mayor que ya Dios nos ha contado. A menudo las cosas que nos parecen desastrosas, son las que Dios usará para obrar redención en nuestra vida y en la vida de otros.

Parker Palmer habla de cuán fácil es que las apariencias nos engañen. «En retrospectiva, puedo ver en mi propia vida lo que no pude ver en ese momento: cómo el trabajo que perdí me ayudó a encontrar el trabajo que necesitaba hacer, cómo la señal de "camino cerrado" me hizo moverme al terreno por el que necesitaba transitar, cómo pérdidas que parecían irreparables me obligaron a percibir significados que necesitaba conocer. En la superficie parece que la vida se reduce, pero en silencio y de manera espléndida se están sembrando siempre las semillas de la nueva vida».

Barbara Arrowsmith Young sabe bastante sobre cómo pueden salir cosas buenas de las cosas difíciles. Con una dislexia severa de niña, Barbara tuvo dificultades para leer y para comprender lo que leía. «Si leía algo cuarenta veces o repasaba un tema de análisis en mi cabeza durante horas», explicaba ella, «al final llegaba a comprenderlo». Ella no podía llegar a comprender por qué otros niños tenían que hacer una décima parte del trabajo que ella hacía para lograr los mismos resultados. Barbara pasaba tanto trabajo para entender situaciones sociales que en ocasiones revisaba conversaciones hasta veinte veces antes de poder entenderlas.

Aunque nadie lo supo en ese momento, estaba sufriendo de un trastorno de aprendizaje que le hacía difícil comprender las relaciones entre símbolos, lo que, a su vez, hizo imposible que entendiera matemática, gramática o lógica. Sin embargo, lo que sí tenía Barbara a su favor era una extraordinaria memoria y suficientes agallas para terminar un curso de postgrado en psicología. Su momento de despunte llegó por fin cuando tuvo conocimiento acerca del trabajo de dos investigadores: Alexander Luria y Mark Rosenzweig. Luria era un psicoanalista y neuropsicólogo ruso que había tenido éxito en el mapeo del cerebro, descubriendo qué área del mismo era responsable de cada función. Rosenzweig era un psicólogo que había dirigido experimentos que demostraban la neuroplasticidad, la teoría de que la estimulación puede cambiar la estructura del cerebro y las comunicaciones funcionales. En términos no profesionales, la neuroplasticidad significa que con el tipo correcto de estimulación, tu cerebro puede repararse y sanarse a sí mismo. Antes del desarrollo de esta teoría, se pensaba que los daños cerebrales eran irreversibles.

Al poner juntos los descubrimientos de estos dos científicos, Barbara se dio cuenta de que quizá podía sanarse a sí misma. Así que comenzó a diseñar ejercicios para estimular áreas específicas de su cerebro con el fin de restaurar la función de cada una. Poniéndose ella misma como conejillo de indias, realizó estos ejercicios una y otra vez, horas y horas, hasta que experimentó un cambio. Con el transcurrir del tiempo, pudo comprender gramática, lógica y matemática con mucha más facilidad.

Al apuntar directamente a las debilidades en su propio cerebro, Barbara estaba adoptando el método opuesto al que por lo general se seguía con las personas con trastornos de aprendizaje. De acuerdo con el modelo habitual, a un niño que tiene dificultades en la lectura se le dan libros en audio como una forma de compensar su debilidad. Pero en vez de evitar su debilidad para jugar con sus fortalezas, Barbara trabajó para fortalecer su debilidad, con increíbles resultados. Cuando la encontré hace un año, vi a una mujer inteligente, compasiva y que se expresaba muy bien; una mujer que no tenía dificultades para mantener un nivel de conversación alto incluso en medio de un ruidoso restaurante. Si no hubiera conocido algo de su historia, nunca hubiera imaginado que a Barbara Arrowsmith Young alguna vez la hubieran calificado como «retardada».

En los últimos treinta años, ella ha dedicado su vida al desarrollo de uno de los más innovadores programas educacionales en el mundo. Diseñado para niños con trastornos de aprendizaje, el programa Arrowsmith, con oficinas centrales en Toronto, se describe como «entrenamiento olímpico para el cerebro». Su trabajo ha tenido una trascendencia tremenda en la ayuda a niños con dificultades en el aprendizaje.

Durante nuestra comida juntas, Barbara señaló que los trastornos de aprendizaje que hicieron su vida tan dolorosa, haciéndola sentir tan aislada y deprimida cuando niña, fueron las mismas cosas que le habían permitido ayudar a tantos otros a vencer sus propias incapacidades. Su historia tiene gran significado, no solo para ella sino para los incontables niños a quienes ha ayudado con su trabajo.

Como Barbara, a veces podremos mirar atrás a nuestras dificultades con gratitud por cómo Dios las ha usado. Pero a veces no se presenta ninguna historia de redención. Perdí a mi hermana mayor en un accidente automovilístico cuando solo tenía dieciséis años. Un hombre descuidado no respetó la luz roja en una mañana de octubre con mucha neblina, y embistió nuestro auto con su camión. Eso fue hace más de cuarenta y cinco años, y todavía tengo que descubrir un propósito redentor para su muerte. No puedo entenderlo, pero eso no me impide confiar a mi hermana y mi pena en las manos de Dios, creyendo que él es capaz de producir algo bueno de algo que no es bueno.

Joni Eareckson Tada ha sido tetrapléjica la mayor parte de su vida. Se quebró el cuello en un accidente de clavado cuando solo tenía diecisiete años. A pesar de, o tal vez por causa de su adversidad, ha desarrollado una fe vibrante. Desde su silla de ruedas ella nos dice:

La cruz es el centro de nuestra relación con Jesús. Es en la cruz donde morimos. Vamos allí cada día. No es fácil.

Por lo general, seguimos a Cristo a cualquier lugar: a una fiesta, por así decirlo, donde él transforma el agua en vino; a una playa soleada donde él predica desde una barca. ¿Pero a la cruz? Nos quedamos plantados. La invitación nos aterra mucho por ser tan individual. Es una invitación a ir solos.

El sufrimiento nos reduce a nada y como señaló Søren Kierkegaard: «Dios lo creó todo de la nada. Y todo lo que Dios va a usar, primero lo reduce a nada». Ser reducidos a nada es llegar humillados al pie de la cruz. Es una misericordia severa.

Cuando el sufrimiento nos obliga a ir de rodillas al pie del Calvario, morimos a nosotros mismos. No podemos arrodillarnos allí mucho tiempo sin abandonar nuestro orgullo y nuestra ira, dejando a un lado nuestros sueños y deseos... A cambio, Dios imparte poder e implanta esperanza nueva y duradera.

Queda claro que esta mujer ha ubicado los detalles de su propia historia dentro de una narrativa más grande, una de gran poder redentor.

El psicólogo Ed Welch escribió un libro hace unos pocos años titulado *When People Are Big and God Is Small* [Cuando la gente es grande y Dios es pequeño]. Me encanta el título porque capta la causa fundamental de nuestra falta de paz. Equivocamos la historia cada vez que equivocamos los personajes, sobre todo cuando nos equivocamos con el personaje central. Cada vez que perdemos de vista la bondad, el poder y la fidelidad de Dios, la historia se deteriora. Cada vez que recordamos quién es Dios, la historia nos alienta y nos señala una vez más la dirección correcta.

La verdadera fe, por supuesto, no se alcanza a bajo precio. En su libro *Practicing Peace* [La paz practicante], Catherine Whitmire cita la respuesta de un cubano a alguien que le preguntó si era difícil ser cristiano en Cuba.

El hombre sonrió y dijo: «No tan difícil como lo es en los Estados Unidos». Cuando el que lo interrogaba le preguntó por qué, el hombre respondió: «Ustedes tienen la tentación de tres ídolos que no son tentación para nosotros. Uno es la opulencia, que nosotros no tenemos. Otro es el poder, que tampoco tenemos. El tercero es la tecnología, que, una vez más, no tenemos. Además, cuando ustedes se unen a una iglesia o una asamblea, ganan aceptación y respeto social. Cuando lo hacemos nosotros, perdemos esas cosas, así que tenemos que estar muy claros con relación a lo que creemos y cuál es el compromiso que estamos dispuestos a hacer».

Nosotros también debemos estar muy claros con respecto a lo que creemos si vamos a experimentar la paz que Dios ha prometido.

Todd Smith es el vocalista del grupo Selah. Él y su esposa, Angie, son los padres de tres jóvenes hijas y una bebita que vivió por muy poco tiempo. Su nombre era Audrey Caroline. Debido a su creencia en la santidad de la vida humana, Angie decidió seguir con su embarazo hasta el final cuando un ultrasonido a las veinte semanas reveló que la bebita sufría de una condición letal. Las semanas siguientes estuvieron llenas de oración. Pero cuando llegó la criatura por medio de una cesárea, Angie y Todd solo tuvieron dos horas y media con su hija antes de que muriera.

En una carta a Audrey que Angie escribió después, ella dijo: «No sentí que perdía un bebé; sentí como si le dijera adiós a alguien que siempre había conocido».

Ni Todd ni Angie comprenden por qué la vida de su hija tuvo que ser tan breve. Todavía sienten el dolor. Pero como explica Todd: «Hay muchas cosas para las cuales no hay respuesta. Y es tan sencillo y tan difícil como lo es confiar en él porque no tengo otra opción».

Una de las canciones del último álbum de Selah, *You Deliver Me* [Tú me libertas], habla de la capacidad de Dios de redimir incluso los aspectos más deshechos de nuestra vida. Toma cualquier cosa que esté deshecha en tu vida, dice, y ponla delante del Señor. En el momento oportuno, él la restaurará.

Al igual que Todd y Angie Smith, muchos de nosotros hemos sufrido experiencias que destrozan la vida, el recuerdo de las cuales aún tenemos que poner delante del Señor para que podamos experimentar la profunda y duradera paz que él ofrece. ¿Cómo podemos aprender a recordar como es debido de modo que podamos comenzar a experimentar la paz que Dios promete en mayor medida?

EN BUSCA DE LA PAZ

1. ¿Cómo han impactado tu vida las historias bíblicas? ¿Hay algunos versículos que tienen un significado especial para ti?

2. Considera momentos de tu vida en los que «te apoyaste» en la historia de fe y momentos en los que no lo hiciste. ¿Qué sucedió en esas oportunidades?

3. ¿Qué piensas que significa «incorporar a Dios en la narrativa»? ¿En qué sentido podría ser diferente tu vida si fueras capaz de poner siempre a Cristo, y no a ti, en el centro de la historia?

4. ¿Qué crees que significa ser un «ateo práctico»? ¿Alguna vez te ha descrito esta frase? De ser así, ¿cómo?

5. Søren Kierkegaard dijo que «Dios lo creó todo de la nada. Y todo lo que Dios va a usar, primero lo reduce a nada». ¿Cómo se compara esta afirmación con tu propia experiencia?

CAPÍTULO TRES

LA PAZ
DE LA MEMORIA

Hace varios años, durante la primera Intifada, cuando las hostilidades entre los árabes palestinos y los israelíes eran aún peores que las actuales, viajé a Israel junto a un pequeño grupo de profesionales de la publicación. Se nos había invitado a examinar esta problemática región del mundo por medio de reuniones con grupos e individuos de las diferentes partes de los complejos problemas que dividían la región. Nos reunimos con políticos israelíes, mulás palestinos, judíos establecidos en la Franja de Gaza, y miembros del parlamento palestino exiliados en Jordania. Hasta «nos apedrearon en Cisjordania», por hacernos eco de los eslóganes impresos en las camisetas que se vendían en los puestos del mercado de Jerusalén. Un grupo de jóvenes acribilló a pedradas nuestro autobús mientras pasábamos por allí un día.

Al final del viaje, cuando el resto del grupo regresó a casa, me quedé en Jerusalén unos días más para celebrar la pascua en estas ciudades tan desapacibles. Pero las celebraciones de Semana Santa se estropearon por causa de un alboroto en la Ciudad Vieja de Jerusalén, que terminó con gases lacrimógenos. Al día siguiente vi al patriarca de la iglesia Griega Ortodoxa guiar a una procesión por las tortuosas calles de la Vieja Ciudad, con su rostro lacerado y amoratado por causa del alboroto del día anterior.

Si tenía alguna esperanza de paz cuando llegué a Israel, ya se había desvanecido cuando partí. Comprendí que mi estrategia norteamericana para solucionar el problema no tenía mucha aceptación en una tierra donde los recuerdos históricos de las personas se remontan a siglos atrás, trayendo a la memoria insultos y errores cometidos no hace unas décadas, sino cientos de años atrás.

Recuerdo la reunión con un grupo de cristianos palestinos que vivían en Beit Sahour, un pequeño poblado que reclama el campo donde los ángeles anunciaron el nacimiento de Cristo a los pastores que cuidaban sus rebaños en la noche. Cuando alguien de nuestro grupo les sugirió a estos cristianos que parte de la solución a los problemas de Israel pudiera involucrar la reubicación de personas en otras áreas de este pequeño país, se indignaron, asegurando que ellos nunca se moverían ni siquiera a una milla de Belén, porque esto significaría abandonar un pueblo que había sido el hogar de su familia por cientos de años. La historia de su familia, incluso los recuerdos de querellas pasadas, se había desarrollado en este pueblo, moldeando su identidad con tanta fuerza que no podían concebir dejarlo atrás.

Esa experiencia me hizo pensar en la capacidad de los recuerdos atrincherados, tanto personales como de las comunidades, de dañar nuestra búsqueda de paz. ¿Cómo debemos enfrentar los recuerdos difíciles que se han convertido en parte de nuestra historia personal? ¿Debemos tan solo encontrar una manera de olvidar la forma en que otros nos han tratado, o podríamos tratar con los recuerdos de forma tal que nos lleve a un lugar de paz más profunda?

Miroslav Volf es profesor de teología sistemática de la Facultad de Teología en Yale. Pero en el otoño de 1983 fue soldado, reclutado en el servicio militar en un país comunista. Dejando atrás a su esposa, pasó un año en una base militar en la que entonces era la República Federal Socialista de Yugoslavia. Desde el momento en que llegó a la base, Volf sintió que estaba en peligro.

La primera sorpresa fue su designación como ayudante administrativo del capitán que estaba al frente de la base. Aunque no lo sabía, esta designación permitía a sus superiores vigilarlo de cerca, ya que habían preparado su oficina con equipos de escucha. Volf estuvo siempre bajo sospecha por tres razones: Su padre había sido un pastor sospechoso de sedición en el período posterior a la Segunda Guerra Mundial; él era un teólogo cristiano que había estudiado en el occidente; y su esposa era ciudadana americana.

Un día el capitán llamó a Volf a su oficina. Allí, en el escritorio de su superior, estaba una carpeta de treinta centímetros de grosor, con los detalles de muchas de sus conversaciones con otros soldados. No era de extrañar que muchos de ellos hubieran estado preguntando por sus puntos de vista sobre la religión, la política y los militares. Toda la base lo había estado espiando. Volf, indicó el capitán, era de seguro un traidor. A menos que confesara en el acto, lo llevarían a la cárcel por espía. A pesar de su inocencia, Volf se sentía desamparado, sabiendo que nada que dijera iba a convencer al capitán de lo contrario. Semana tras semana lo sometían a interrogatorios, abusos verbales y amenazas. Las acusaciones y amenazas siguieron acumulándose. Por último y sin explicación alguna, los interrogatorios cesaron.

Aunque Volf llama al maltrato recibido «abuso de un grado medio», suave comparado con lo que otros han soportado, admite que los efectos permanecieron mucho después que terminara su tiempo en el ejército. «Fue», dijo, «como si el capitán G. se hubiera mudado a la morada misma de mi mente, escondiéndose justo en el centro de su sala de estar, y tuviera que vivir con él. Yo *quería* que saliera de mi mente de inmediato y sin dejar rastros. Pero no había forma de mantenerlo alejado, ni de olvidarlo. Permanecía en esa sala de estar y me interrogaba una y otra vez».

Aunque la forma en que trataron a Volf fue ultrajante, él estaba determinado a encontrar una vía redentora de enfrentar el abuso que había sufrido. Inconforme con la idea de darle al mal la victoria final, permitiendo que esto lo moldeara convirtiéndolo en un hombre amargado y vengativo, comprendió que la clave estaba en *cómo* él recordaría lo que había pasado. Podía almacenar los recuerdos de forma amarga y vengativa, dañando su alma en el proceso; podía absorberlos de manera masoquista, identificándose siempre como una víctima, dando así continuado poder a su opresor; o podía tratar de refrenarlo y tan solo olvidarlo. Sabiendo que ninguna de estas opciones traería paz o le permitiría amar a su enemigo, buscó otra vía, una que implicara tanto comunicar la verdad como extender gracia sin excusar la conducta de su interrogador. Lo que aprendió en esta búsqueda se nos cuenta en su libro *The End of Memory: Remembering Rightly in a Violent World* [El final de la memoria: Recordar correctamente en un mundo violento], un libro que ofrece una buena comprensión de nuestra lucha por encontrar paz a pesar de los recuerdos de los males sufridos. En las páginas siguientes exploraremos algunas de sus ideas centrales.

Ninguno de nosotros puede escapar del daño que viene de vivir en un mundo devastado por el pecado. Muchas veces no son extraños los que causan nuestro sufrimiento, sino aquellos más cercanos a nosotros: un padre que rechaza a su hijo, una esposa que engaña a su esposo, un maestro que abusa de sus estudiantes, un compañero de trabajo que sabotea a sus colegas. Tales ofensas pueden ser traumáticas. ¿Cómo podemos enfrentar los recuerdos de nuestras heridas de forma tal que se rompa el ciclo de dolor y se abra la puerta a un sentido mayor de la paz de Dios?

En su libro *The Rest of God* [El descanso de Dios], Mark Buchanan explica que «recordar es, literalmente, volver a poner en su lugar piezas rotas, *re*-armar. Es crear un todo original de lo que se ha convertido en fragmentos dispersos». Esta definición encaja con el significado de la palabra *shalom,* que puede definirse como totalidad. Así que recordar de forma apropiada significa restaurar a alguien o algo a un estado de completitud. Por otro lado, recordar de forma inapropiada garantiza que nada volverá a estar en su lugar. La herida original continuará supurando. Es posible que la fractura sane, pero lo hará de manera torcida.

Considera a un hombre que acaba de perder su trabajo. Él está seguro de que sus compañeros de trabajo han estado hablando mal de él, esparciendo rumores para lograr que lo expulsaran. Para desdicha suya, todo ese complot funcionó. Incapaz de encontrar otro trabajo, el hombre alimenta su amargura, maldiciendo a sus antiguos compañeros por la forma en que lo habían calumniado. En las pocas entrevistas de trabajo que consigue, no puede evitar quejarse de lo mal que lo trataron en su trabajo anterior. Con el paso del tiempo, el hombre está cada vez más frustrado y enojado, empecinado en la venganza.

Ahora mira cómo pudo haberse desarrollado esta historia si este mismo hombre hubiera sido capaz de recordar de forma apropiada. Él sabe que sus compañeros lo han calumniado y que esto le ha costado su trabajo. Resistiendo el deseo ardiente de venganza, ora y le dice a Dios lo enojado que está. Luego de un rato, comienza a calmarse e invita a Dios a que examine su corazón. Mientras ora, recuerda comentarios negativos que hizo de algunos de sus compañeros de trabajo. Es verdad, el daño de ellos fue mucho peor que el suyo, pero no se puede decir que haya sido un ángel. Al pensar en toda esta situación, admite que había estado preocupado por su trabajo desde hace bastante tiempo. Tal vez su jefe estaba diciendo la verdad cuando le dijo que lo estaba dejando ir porque sus habilidades no estaban al nivel adecuado. Al abrirse al Espíritu de Dios en oración y al pedir el conocimiento de toda la verdad acerca de lo que sucedió, es muy posible que este hombre la descubra. Pide perdón y gracia para perdonar a aquellos que lo hirieron. Su honestidad y magnanimidad hacia aquellos que lo han lastimado, solo posible por la gracia de Dios, obran como un escudo contra la amargura, permitiéndole aprender y crecer. En lugar de ser presa de sus amargos recuerdos, va por encima de ellos y experimenta sanidad.

Como señala Volf: «No solo somos moldeados *por* los recuerdos: Nosotros mismos *moldeamos* los recuerdos que nos moldean». Es posible cargar nuestros recuerdos con falsedades, torcerlos de forma tal que veamos a las personas que nos han herido aún peor de lo que en realidad son. También es posible recordar de forma tal que neguemos cualquier responsabilidad que podamos tener. Los recuerdos pueden inflar el mal, pintando al perpetrador en proporciones demoníacas, al mismo tiempo que nos representa como más santos y amantes de la paz de lo que en verdad somos.

Tengo una amiga que se negó a hablar con su hijo durante años. No fue hasta que él estuvo gravemente enfermo que por fin se reconciliaron. Conozco a una mujer que murió sin siquiera conocer a sus nietos porque algunos años atrás había hecho algo que ofendió a su hijo. Él se desquitó al prohibirle todo contacto con sus nietos. Todos nosotros conocemos parejas que prefieren culparse unos a otros antes que admitir su responsabilidad en un divorcio. ¿Y quién no ha visto a hijos envueltos en una férrea rivalidad entre hermanos, cada cual pagando con la misma moneda? Año tras año los insultos se acumulan hasta que forman una gigantesca montaña de agravios que nunca puede escalarse o conquistarse.

Pero por la gracia de Dios podemos conquistarlos. El primer paso es el más difícil, porque implica decirle la verdad a la persona que menos desea escucharla: nosotros mismos. Tenemos que estar dispuestos a ser fuertemente honestos con respecto a nuestra responsabilidad en un conflicto, determinados a sacar la «viga» de nuestro propio ojo antes que tratar de quitar la «astilla» del de nuestro vecino. Aunque nuestra parte de la culpa sea minúscula, con todo es necesario que la reconozcamos y examinemos. ¿Por qué? Porque la verdad que descubrimos es preciosa. Tiene el potencial de rehacer nuestros recuerdos de forma tal que conduzca a la paz. Como señala Volf: «Solo los recuerdos *sinceros* dan acceso al suceso con el que necesitamos hacer la paz».

Desde luego, hay casos en los que las personas son por entero inocentes: el niño de quien abusan, la mujer víctima de un asalto, el hombre a quien atropella un chofer borracho. Pero cuando se trata de la mayoría de nuestros más dolorosos recuerdos, el cuadro puede ser más variado. Este es un ejemplo de la vida diaria: Digamos que mis hijas tienden a hacer cosas que saben que no deben hacer y que repiten esas infracciones una y otra vez (lo hacen). Digamos que yo tiendo a salirme de mis casillas (lo hago). Digamos que ellas reaccionan a mi enojo con justa indignación, señalando que su madre ha perdido el control y les está hablando de una forma en que no debería hacerlo (lo hacen). Una y otra vez las ofensas van de un lado a otro. Yo me molesto y mis hijas se molestan. Si nunca me calmo y admito mi culpa en lo que ha pasado, será difícil que mis hijas admitan la de ellas. Cada uno de nosotros necesita edificar sobre la verdad de lo que *hemos* hecho para resolver el asunto y restaurar la paz de nuestra familia.

Ahora imagina a una familia en la cual nunca se reconocen estas verdades. Las discusiones se acumulan durante años y años sin que nadie asuma responsabilidad. Será difícil que una familia así conozca la paz porque cada persona culpará a cualquier otro en la familia. Olvidando su propia ofensa, recordarán solo lo que le han hecho a ella. Tales recuerdos, construidos sobre medias verdades, son creaciones nocivas que arruinarán nuestra salud emocional y espiritual si continuamos permitiéndolas.

Hace poco, mientras reflexionaba sobre este desafío de recordar de manera apropiada al recordar con sinceridad, le pregunté a Dios si había recuerdos que necesitaba volver a visitar. (No creía que hubiera alguno, así que me fue fácil preguntar). Una noche, mientras me estaba quedando dormida, comencé a pensar en una antigua amiga. Maggie y yo habíamos trabajado juntas durante los primeros años de mi carrera. En un tiempo incluso compartimos un apartamento. Pero vivir tan próximas no logró que se acentuara nuestra amistad. Por razones que no puedo ahora recordar, comencé a sentirme molesta cada vez que ella estaba cerca. Aunque traté de esconder mis sentimientos, muchas veces me irritaba. Un día, de manera inesperada, Maggie me gritó y me dijo sin rodeos lo despreciable que había sido con ella. Entonces me exigió que me fuera, y de inmediato. Yo jamás me di cuenta de lo herida que se sentía porque nunca lo habíamos discutido. Si ella hubiera venido a mí antes, es posible que hubiéramos resuelto el asunto. Pero ahora su enojo era explosivo. Me quedé impactada. Nuca nadie me había hablado de la manera en que ella lo hizo ese día. De seguro su ofensa era mucho mayor que la mía, por lo que enseguida me alisté para irme.

Desde entonces hemos estado en contacto una que otra vez en años. Aunque hemos mantenido una amistad aparente, yo no he hecho mucho caso a la mayoría de sus intentos de reunirnos. Estando en la cama esa noche, pensando en Maggie, comprendí que nunca me había responsabilizado con mi parte de culpa en el conflicto. Había sido descortés, crítica e insensible, y aunque me había disculpado enseguida cuando ella confrontó mi actitud, nunca le había pedido con sinceridad que me perdonara por la forma en que la había tratado. Esa noche, centrada en mis ofensas, le pedí a Dios que me perdonara y sentí algo que se liberaba dentro de mí. Se soltaba un nudo y mis resentimientos se disolvían. Al día siguiente, decidí contactar a Maggie para ver si podíamos comer juntas en un futuro próximo. Quería disculparme, de forma sincera, por las ofensas que había cometido hacía más de treinta años.

Unos días después disfrutamos juntas de un agradable almuerzo. Durante el curso de nuestro tiempo juntas, Maggie me contó sobre las dificultades en los comienzos de su vida que me ayudaron a comprender de dónde venían algunas de sus aristas ásperas. Cuando le pedí que me perdonara por la forma en que la había tratado tantos años atrás, ella pareció sorprenderse mucho, incapaz de recordar el hecho de que alguna vez había existido una situación tensa. (Al parecer hay algunas ventajas al esperar más de treinta años para decir que lo sientes). Por mi parte, salí del restaurante ese día con una actitud muy abierta para continuar la amistad, libre de los resentimientos que había sentido por tantos años.

¿Qué pasa si examinamos nuestro corazón y no vemos falta alguna? De seguro hay algunos entre nosotros que son inocentes. Personas que han sido tratadas con desprecio solo por el color de su piel, su edad, su sexo, o por su desgracia de ser víctimas de algún abuso. Incluso para ellas, no es saludable, y sí muy peligroso, aceptar el rol de víctimas por mucho tiempo. Como señala Miroslav Volf: «Las víctimas muchas veces se convertirán en perpetradores, justo *debido a* sus recuerdos. Es *debido a que ellas recuerdan los tratos discriminatorios del pasado* que se sienten justificadas para cometer los actos presentes de violencia. O más bien, es debido a que recuerdan los tratos discriminatorios del pasado que ellas justifican como legítima autoprotección lo que la mayoría de los observadores ve como violencia nacida de la intolerancia o incluso del odio. Es muy fácil que el escudo protector de los recuerdos se transforme en una espada de violencia... Recordar los agravios fraguará una identidad, pero la identidad puede ser la de una persona cautiva en su propio pasado y condenada a repetirlo».

No necesitamos minimizar o negar el alcance de los agravios que hemos sufrido para rechazar el rol de víctimas. Admitirlos y darnos tiempo para enfrentar con honestidad los pecados de otros es parte del proceso de sanidad. Aun así, definirnos por completo por lo que hemos sufrido nos impedirá llegar a ser lo que somos en Cristo. No podemos ser al mismo tiempo víctimas y victoriosos como Cristo nos manda a ser. No podemos apropiarnos de la libertad que él ofrece mientras permanecemos en esclavitud por aquellos que nos han herido. Ni podemos tener acceso a su fuerza si seguimos cediendo nuestro poder a aquellos que nos han oprimido en el pasado. En su carta a los romanos, Pablo instruye a los creyentes que se vistan del Señor Jesucristo. En Romanos 12:14, 17 les dice: «Bendigan a quienes los persigan; bendigan y no maldigan [...] No paguen a nadie mal por mal». Al recordar de manera apropiada podemos guardarnos de pagar mal por mal, dando paso a la posibilidad de bendecir a los que nos persiguen.

Recordar de manera apropiada no requiere que ignoremos la ofensa, actuando como si nada hubiera pasado. Hacer esto nos expone al daño, tanto de nosotros como de otros, porque la represión no puede lograr ni sanidad, ni justicia. De hecho, ignorar una ofensa puede abrir la puerta a otros abusos si a la persona culpable se le permite seguir sin impedimentos. Recordar con sinceridad es el primer paso hacia la justicia. Una vez más, la idea no es *si* recordamos, sino *cómo* recordamos. Tenemos la opción de aprender las lecciones correctas de nuestros recuerdos o las equivocadas.

Algunos de nuestros más profundos agravios los sufrimos dentro del contexto de nuestras relaciones más íntimas. Cuando nos entregamos por completo a otra persona y ella corresponde a nuestro amor, experimentamos gran dicha. ¿Pero qué sucede si nos entregamos por completo y nos enfrentamos al rechazo? ¿O si nos aman por un tiempo y luego nos abandonan? ¿Cómo enfrentamos el recuerdo de ese rechazo? ¿Cómo enfrentamos las heridas que sufrimos?

Cuando se destruye la confianza en un matrimonio o en una relación romántica, es inevitable que nos sintamos heridos. Sin embargo, la profundidad de nuestra herida y su capacidad de destruirnos depende de dónde viene nuestra identidad. Como cristianos, se nos llama a estar arraigados en Cristo. Su Espíritu debe ocupar nuestras almas, liderando y conduciendo, edificando la vida de Dios dentro de nosotros. Nuestro ser le pertenece solo a él. Pero si alguien más ocupa ese lugar principal y santo, la pérdida de la relación puede destruirnos.

Considera a una joven que no puede ser feliz sin un novio. Cada vez que comienza una nueva relación, se siente eufórica. Por fin encuentra su alma gemela, la que la hará feliz. Pero en la medida que la relación avanza, su sentido de abandono crece. Es posible que su novio la haya tratado con rudeza, pero ella ha abusado de sí misma al permitirle ocupar el lugar dentro de su corazón que pertenece solo a Dios. Cada vez que la dejan plantada, sufre las heridas del abandono y el rechazo, y el recuerdo de esto la perseguirá por muchos años. De manera irónica, al crecer e infestarse esas heridas, se hará más difícil para ella encontrar el amor que tanto anhela.

La paz no viene de ubicar nuestra felicidad en cosas o personas, sino en el hecho de que Cristo more en nosotros. Seamos hombre o mujer, si nuestra alma está ocupada por alguna otra persona o cosa, hemos desplazado a Dios y nunca conoceremos la verdadera *shalom*. Para decirlo de forma más sencilla, no puedes llenar una caja con oro si ya está llena de barro. Y se nos creó para estar llenos de oro.

Cuando se trata de recordar de manera apropiada y buscar la paz que viene de hacerlo así, los cristianos tienen una enorme ventaja. ¿Por qué? Porque nuestra fe tiene como fundamento dos recuerdos sagrados, cada uno de los cuales tiene el poder de moldear la manera en que interpretamos y recordamos los sucesos de nuestra propia vida.

Imagina por un momento que tú y tu familia han estado en cautiverio por muchos años. Producto de una extraordinaria secuencia de eventos, has podido escapar de tus captores. Ahora eres libre, capaz de decidir el rumbo de tu vida. Se presentan ante ti muchas decisiones. Una de ellas implica cómo recordarás tu pasada esclavitud. ¿Qué lecciones sacarás de ello? ¿Mirarás atrás con amargura, maldiciendo a tus captores, determinado a convertirte en uno de los que dominan y no uno de los dominados? ¿O seguirás adelante, agradecido por el regalo de la libertad y determinado a ayudar a otros que han sufrido como tú? La pregunta delante de ti es esta: ¿Tus recuerdos dominantes serán sobre tu esclavitud o serán sobre tu liberación?

Esta fue la misma decisión que enfrentaron los israelitas luego de su salida de Egipto. ¿Cómo recordarían su cautiverio? Según se movían hacia el futuro, ¿se definirían por los recuerdos de cómo el faraón había abusado de ellos o por cómo Dios los había liberado?

Para dicha de la historia del mundo, su fe tuvo como fundamento los recuerdos de su liberación. Una y otra vez en sus Escrituras ellos alaban a Dios como el que los liberó de sus enemigos. Dios también pareció interesado en recordarles esta vedad, repitiendo una y otra vez: «Yo soy el SEÑOR tu Dios. Yo te saqué de Egipto». Incluso sus leyes reflejaban las lecciones que él quería que ellos aprendieran de su cautiverio.

Debes mostrar amor por los extranjeros, porque tú también fuiste extranjero en Egipto.

Ayuda al pobre porque también tú fuiste pobre.

Guarda el día de reposo y permite que tus siervos lo guarden también, porque tú sabes lo que es ser esclavo, sin poder nunca descansar.

Incluso hoy, si le preguntas a un judío qué suceso de sus Escrituras fue más trascendental, la mayoría identificará el éxodo, porque este es el acontecimiento que moldeó de manera más profunda su historia. En lugar de moldearlos hacia la crueldad, sus experiencias como esclavos en una tierra extranjera los han moldeado muchas veces hacia una gran sensibilidad por las necesidades de otros.

Sin embargo, ¿qué tienen que ver con nosotros hoy estos recuerdos colectivos tan antiguos? Como cristianos, nuestra fe ha crecido a partir de raíces judías. La historia del éxodo es también nuestra historia. Como los judíos de la antigüedad, hemos llegado a conocer a un Dios de misericordia y poder. Es posible que hayamos sufrido mucho, o quizá solo un poco. Cualquiera que sea el grado de nuestro sufrimiento, podemos decidir que no nos dominen los recuerdos de lo que nos hicieron *a* nosotros, sino los recuerdos de lo que se hizo *por* nosotros. Si le pedimos ayuda a Dios, nuestra gratitud por su mano liberadora tarde o temprano eclipsará el agravio sufrido. En el proceso de esta liberación veremos a Dios moldeando nuestro corazón, haciéndonos más como él mientras aprendemos a mostrar misericordia a los agraviados, bondad a los pobres y compasión a los desconocidos.

¿Cómo puede lograrse esto en nuestra vida? Tengo una amiga cuyo hijo sufrió durante muchos años de un trastorno mental hasta que se comenzó a tratar de forma efectiva con medicamentos. A lo largo de los años ella ha tenido que educar a maestros, amigos y miembros de la familia que a veces han mostrado menosprecio por su hijo, sin darse cuenta de que la razón de sus problemas es una falla biológica y no un «mal corazón». En ocasiones ella y su esposo han sentido el juicio de otros que no tienen la más mínima idea de lo que es criar a un niño con una enfermedad mental.

Hace poco, mientras escuchaba las noticias de un tiroteo acometido por un joven con un probable diagnóstico de esquizofrenia paranoica, decidió escribirle una carta a su madre. Al decirle cuánto lamentaba todo lo que había sucedido, le explicó que ella también tenía un hijo que sufría de un trastorno mental. Conocedora de que las personas tienden a culpar a la familia cada vez que sucede algo malo con un niño, trató de ofrecerle algún consuelo, prometiéndole orar por la familia y por su hijo, que estaba preso.

Mientras el país fijaba su atención en el sufrimiento de las víctimas inocentes del ataque de este joven, como debía haber sido, al menos una mujer comprendía que había otras víctimas en esta terrible tragedia. Luego del tiroteo, más de un personaje público caracterizó al hijo de esta pareja como alguien malvado que merecía la muerte. Aunque mi amiga no estaba en la posición de juzgar el nivel de culpabilidad de este joven, sí sabía que apresurarse a juzgar no ayuda a nadie. Si ella no hubiera tenido un hijo que sufría de una enfermedad mental y si no hubiera soportado los mismos duros juicios de otros, esta madre quizá nunca hubiera extendido su mano a una desconocida en un tiempo de tremenda necesidad.

Todos nosotros conocemos personas cuyos recuerdos de sufrimientos los han moldeado hacia la misericordia y la acción positiva en vez de hacia la amargura y la cólera.

El segundo recuerdo que moldea nuestra fe como cristianos es, por supuesto, el recuerdo de la muerte y resurrección de Cristo. De hecho, la pasión de Jesús está estrechamente vinculada al recuerdo del éxodo, y se revela en la Pascua. La Pascua original, como recordarás, ocurrió la noche antes de la dramática salida de los israelitas de la tierra de Egipto. Al marcar sus puertas con la sangre de un cordero, ellos no sufrieron el juicio que cayó sobre los egipcios.

Cientos de años más tarde, Jesús vino a ser el cordero inmolado por nosotros. Pero en lugar de liberarnos de enemigos terrenales, Cristo nos ha salvado de la esclavitud del pecado y la muerte. Pertenecer a él es una experiencia maravillosa, pero también de humildad. Reconocemos que somos personas destruidas, pecadores salvos por gracia y para un propósito de gracia. El recordarnos a nosotros mismos de esta forma nos hace más fácil extender gracia a las personas que nos han herido, a aquellos que tienen igual necesidad de la gracia de Cristo.

Considera lo que el Señor le dijo a sus discípulos en la comida que compartió con ellos la noche antes de su muerte: *«Hagan esto en memoria de mí»*. En realidad, toda nuestra vida —pasado, presente y futuro— debe vivirse y entenderse dentro del marco de este recuerdo redentor. Debemos hacerlo todo *en memoria de él*.

Un amigo mío pasó muchos años orando con otras personas por la sanidad de los recuerdos. En ocasiones podía verse con claridad que la influencia demoníaca había estado presente en el pasado de la persona. En lugar de llevar adelante un dramático ministerio de liberación, intentando identificar la presencia de espíritus malos, él pasó la mayor parte del tiempo haciendo lo que llamaba «orar el evangelio en el corazón de las personas». Él sabía que hasta los más horrorosos recuerdos podían sanar cuando las personas comenzaban a creer y asirse de lo que Dios ya había hecho por ellas.

Kurt es un padre soltero a cuyo hijo adolescente le diagnosticaron un severo trastorno en su temperamento. A pesar de la terapia y los medicamentos, su hijo sigue teniendo recaídas, convirtiendo su casa en una especie de zona de guerra emocional. Así es como Kurt describe a su hijo: «Mark es un desafío constante. Nada le satisface, siempre está presto a reaccionar con fuerza, y siempre está discutiendo con su hermana. Es tan impulsivo que no puedo dejarlos solos por miedo a que Mark se moleste y haga algo estúpido o peligroso. Créeme, amo a mi hijo, pero para ser honesto, me encantaría poder mandarlo a una escuela donde esté internado o ponerlo en animación suspendida por un breve tiempo, tan solo para que nuestras vida se calmen un poco».

Aunque tentado a desesperarse, Kurt ha decidido varias veces interpretar la situación de su familia dentro del marco de la historia de redención en la que cree. Halla consuelo y ánimo en la historia de cómo Dios condujo a su pueblo y lo sacó de Egipto, creyendo que también él lo guiará a él y a su hijo a un lugar de mayor paz. Rechazando ceder ante la desesperación, decide más bien creer que el Dios que levantó a Jesús de la muerte puede también redimir a su hijo.

Recordar de la manera apropiada es una poderosa herramienta para enfrentar tanto el pasado como el presente, liberándonos para seguir hacia el futuro con mayor libertad y esperanza. A cada uno de nosotros se nos llama a interpretar la historia de nuestra propia vida a la luz de la historia mayor en que creemos. Como nada es imposible para Dios, él puede tomar el mal que hemos sufrido y el dolor que aún nos aflige y convertirlos en algo bueno, para nosotros y para los demás. Si le pedimos a su Espíritu que obre en nosotros, él nos enseñará a recordar de manera apropiada, moldeando nuestros recuerdos y convirtiéndolos en una fuerza para el bien y en una senda para la paz.

Es muy importante aprender a recordar de manera apropiada, pero el proceso de sanidad será incompleto si no permitimos que Cristo moldee de forma radical nuestra imaginación. Echemos un vistazo a un ingrediente esencial en el proceso de sanidad, uno que puede abrir una senda de paz para nosotros y para aquellos que nos han hecho mal.

EN BUSCA DE LA PAZ

1. ¿Cómo los recuerdos han moldeado tu vida para bien? ¿Cómo lo han hecho para mal?

2. Miroslav Volf señala que «solo los recuerdos *sinceros* dan acceso al suceso con el que necesitamos hacer la paz». Al orar por recuerdos difíciles, pídele a Dios por la gracia para recordarlos con sinceridad. ¿Cómo puedes edificar sobre la verdad de forma tal que le permita a Dios sanarte?

3. ¿Cuáles son algunos de los peligros de asumir una mentalidad de víctima?

4. «No puedes llenar una caja con oro si ya está llena de barro. Y se nos creó para estar llenos de oro». Describe algún momento de tu vida en el que te sentiste tentado a llenarte con algo o alguien en vez de con el «oro» con el que Dios quiere llenarte.

5. Dedica algún tiempo a orar por un recuerdo difícil a la luz de la historia del éxodo (Éxodo 12—15) o la narrativa de la muerte y la resurrección de Cristo (Mateo 26—28). ¿Qué sucede cuando lo haces?

6. La noche antes de morir, Jesús comió con sus discípulos y les dijo: «Hagan esto en memoria de mí» (Lucas 22:19). Esta semana trata de llevar contigo esta idea todo el tiempo que estás despierto. Permite que las palabras de Jesús moldeen tus propias palabras, así como también tus pensamientos y acciones.

CAPÍTULO CUATRO

VOLVER A IMAGINAR
A NUESTROS ENEMIGOS

John Paul Lederach ha pasado la mayor parte de su vida buscando la paz en algunas de las más turbulentas regiones del mundo: Somalia, Colombia, Nepal e Irlanda del Norte, por solo mencionar algunas.

Él dice que es esencial para cualquier esfuerzo de paz la capacidad de imaginarse a uno mismo en una relación con su enemigo. Si el grupo militante islámico Hamás, por ejemplo, no puede imaginarse teniendo una relación con el gobierno israelí (ya que no admite el derecho de Israel a existir), los esfuerzos de paz fracasarán. De igual manera, si no podemos imaginarnos teniendo una relación con nuestros enemigos, nuestros esfuerzos para encontrar la paz que Dios promete no tendrán fruto.

¿Pero cómo uno comienza a imaginar tal cosa, sobre todo si la ofensa ha sido dolorosa? Una cosa es imaginar una relación con un compañero tuyo que ha hablado mal de ti delante del jefe, y otra muy distinta es imaginar una relación con un ex cónyuge abusivo. Pudiera parecer muy doloroso y demasiado arriesgado. Sin embargo, si no lo hacemos, puede ser aun más riesgoso, porque pone a tu corazón en peligro de destrucción por causa de la ira, la amargura y la depresión.

Sugerir que las personas se imaginen a sí mimas relacionándose con su enemigo pudiera sonar como una locura. ¿Cómo, por ejemplo, puede una mujer visualizar una relación con un violador? ¿O cómo puede un hombre visualizar una relación con un matón que lo golpeó? ¿No es algo cercano a lo estúpido? ¿Acaso no suena descabellado el consejo?

Uno estaría tentado a pensar así si no fuera por las palabras de Jesús dando instrucciones a sus seguidores de que dieran el vergonzoso paso de ofrecer su mejilla para otra bofetada. Él les dijo que amaran a sus enemigos, que bendijeran a los que los maldecían.

Como siempre, sentimos la tentación de desechar la enseñanza de Cristo por ser demasiado difícil o poco práctica para que la siga cualquier persona. Puede incluso sonar ingenuo. Pero Jesús impide que lo ignoremos al seguir su propio consejo, y seguirlo hasta la misma cruz. Más que cualquier otra figura en la historia, Jesús pudo visualizar una relación con el enemigo. Fue justo esta capacidad la que hizo posible su muerte. Pablo les recuerda esto a los colosenses al decir: «En otro tiempo ustedes, por su actitud y sus malas acciones, estaban alejados de Dios y eran sus enemigos. Pero ahora Dios, a fin de presentarlos santos, intachables e irreprochables delante de él, los ha reconciliado en el cuerpo mortal de Cristo mediante su muerte» (Colosenses 1:21-22). Según Pablo, Dios comenzó toda su obra creyendo que sus enemigos podrían transformarse en sus amigos. Escucha cómo instruye a los creyentes en Roma: «Difícilmente habrá quien muera por un justo, aunque tal vez haya quien se atreva a morir por una persona buena. Pero Dios demuestra su amor por nosotros en esto: en que cuando todavía éramos pecadores, Cristo murió por nosotros» (Romanos 5:7-8). Como seguidores de Cristo, debemos ser catalizadores de transformación, manteniendo el ciclo en marcha al imitar a Jesús en nuestras más difíciles relaciones.

En algunos casos, visualizar una relación con un enemigo puede implicar tener contacto con el ofensor en alguna medida. Esto fue lo que sucedió cuando el Papa Juan Pablo II se reunió con Mehmet Ali Agca en una cárcel italiana a fin de perdonarlo por tratar de asesinarlo. Sucede también cuando nuestro enemigo es alguien que no podemos evitar, como un vecino o un compañero de trabajo. En otros casos, pudiera ser peligroso y tonto tener ulterior contacto, como en el caso de una mujer y su asaltante.

¿Entonces qué se requiere? Algo que sigue siendo en extremo doloroso: como víctimas del pecado de otro, debemos al menos imaginar la posibilidad de perdón y reconciliación. Hacerlo requiere, no que abandonemos nuestra demanda de justicia, sino que repudiemos nuestro deseo de venganza. En tales casos, la relación con nuestros enemigos consistirá sobre todo en orar por ellos, pidiéndole a Dios que los bendiga y los transforme, y perdonándolos de corazón, estén ellos arrepentidos o no.

Iphigenia Mukantabana es una mujer admirable. Ella se sienta frente a su casa, justo a una hora de Kigali, tejiendo cestas con su amiga Epiphania Mukanyndwi. Ambas tienen algo en común; una pena que la mayoría de nosotros no puede imaginar.

Ellas comparten la tristeza de otros ruandeses que sobrevivieron un genocidio en el que se masacró a casi un millón de sus compatriotas.

En el tiempo del genocidio, se citó a un ministro en la cubierta de una revista diciendo: «No quedan demonios en el infierno, todos se han ido a Ruanda». Mukantabana describe la violencia de esos días: «Violaban a mujeres y niñas, y yo lo vi todo», dice. «Golpeaban a los hombres y los niños y luego los mataban. Ellos les decían a otros que cavaran un hueco, los metían dentro, luego echaban tierra sobre ellos mientras aún estaban vivos». Ciudadanos normales que iban juntos a la iglesia, cuyos niños asistían juntos a la escuela, que vivían juntos como vecinos; esos eran los que se estaban matando unos a otros.

Mukantabana perdió a su esposo y a cinco de sus hijos. Una turba de militantes hutu los acuchilló. Su amiga Mukanyndwi vivió también esos horrores. Pero no es el hilo de su pérdida común el que las une en su amistad. De hecho, Mukanyndwi está estrechamente unida a uno de los hombres que asesinó a toda la familia de Mukantabana: su esposo. Años después del exterminio, el hombre confesó a los reporteros de CNN que él fue parte de la turba que asesinó a veinticinco personas, incluyendo el esposo y los hijos de Mukantabana. «Utilizamos machetes, azadones y garrotes de madera», explicó.

Durante cuatro años, Mukantabana no podía hablarle ni a él, ni a su esposa. Había mucho dolor y desconfianza. El cambio radical ocurrió cuando de manera voluntaria, él fue ante una reunión tribal a confesar su culpa y pedir perdón.

Con la ayuda de Cristo, Mukantabana aceptó la súplica de perdón de su enemigo.

Hoy, las dos mujeres ruandesas, Mukantabana y Mukanyndwi, mantienen una estrecha amistad. Por el poder de Cristo obrando dentro de ella, Mukantabana ha logrado construir un puente sobre la imposible brecha entre ella y su antigua enemiga. Es asombroso cómo comparte comidas familiares con Mukanyndwi y su esposo.

Esta admirable historia se ha repetido miles de veces por toda Ruanda, donde aquellos que han perdido familiares han podido enfrentar y perdonar a los asesinos. Laura Waters Hinson produjo un conmovedor documental acerca del proceso de reconciliación en Ruanda titulado *As We Forgive* [Al perdonar]. No obstante, por mucho que pudiéramos desear que los problemas de Ruanda quedaran relegados al pasado, Hinson señala que la mayoría de los ruandeses todavía no se han reconciliado. «En Ruanda», dice ella, «ellos han proscrito el uso de "Tutsi" o "Hutu"». (La mayoritaria tribu Hutu cometió la mayoría de los asesinatos de los miembros de la minoritaria tribu Tutsi). «Ya no existen carnés de identidad étnicos. Pero vivir juntos sin perdonarse no es reconciliación. En la superficie han tratado de suprimir las divisiones, pero por debajo sigue existiendo mucha hostilidad».

En su clásico libro *El gran divorcio*, C. S. Lewis lleva al lector a un viaje imaginario por el cielo y el infierno. En una escena muy atrayente, él nos muestra cuán difícil puede ser imaginar una relación con nuestro enemigo, incluso si se ha arrepentido de los males que ha hecho. Un hombre que ha muerto hace poco y que ahora es un fantasma se halla en las inmediaciones del cielo. Allí se encuentra a uno de sus antiguos empleados, un hombre llamado Len, a quien enviaron a escoltarlo al cielo.

—Bueno, estoy condenado —dijo el fantasma—. Nunca lo hubiera creído. Es un golpe tremendo. Esto no está bien, Len, tú sabes. ¿Qué me dices del pobre Jack, eh?...

—Está aquí —dijo el otro—. Lo vas a ver pronto, si te quedas.

—Pero tú lo asesinaste.

—Claro que lo hice. Ya todo está bien.

—¿Todo está bien? Todo está bien para ti, querrás decir. Pero, ¿qué me dices de este pobre hombre, tendido en el suelo, frío y muerto?

—Pero ya no está así. Te lo dije, lo verás pronto. Te manda sus cariños... Asesinar al viejo Jack no fue la peor cosa que hice —admitió Len al fantasma—. Eso fue algo de un momento, y cuando lo hice era la mitad de lo malo que llegué a ser. Pero te asesiné a ti en mi corazón, de forma deliberada, durante años. Muchas veces me quedaba despierto en las noches pensando en qué haría si alguna vez tuviera la oportunidad. Es por eso que ahora me mandan por ti: para pedir tu perdón y para ser tu sirviente todo el tiempo que lo necesites, y más si así te place. Fui el peor. Pero todos los hombres que trabajaron bajo tu mando sintieron lo mismo. Lo hiciste difícil para nosotros, tú sabes. Y lo hiciste difícil para tu esposa también, y para tus hijos.

—Prefiero estar condenado —dijo el fantasma— que andar contigo. Vine aquí por mis derechos, ¿ves? No para andar lloriqueando caridad por ahí atado a las tiras de tu delantal. Si ellos son tan buenos que no pueden tenerme aquí sin ti, me voy a casa.

Era casi feliz ahora que podía, en un sentido, amenazar.

—Eso es lo que voy a hacer —repetía—, me voy a casa. —Al final, todavía refunfuñando, pero también gemiqueando un poco mientras tomaba su camino por el filoso césped, se fue.

Escandalizado al saber que a su antiguo empleado, un asesino, le habían dado la bienvenida en el cielo, el fantasma rechazó el cielo y escogió antes el infierno, incapaz de visualizar una relación con su enemigo. Esta es una escalofriante figura de lo que puede sucederle a una persona que no perdona ni pide perdón. Nuestras decisiones tienen consecuencias aquí y en el más allá. Como dice Lewis, definirán si la tierra será para nosotros un camino al cielo o un preludio del infierno.

Wess Stafford es presidente y director ejecutivo de *Compassion International*, un ministerio para la defensa de los niños. Su historia nos muestra cómo Dios puede «usar como una palanca el dolor de nuestro pasado», trayendo bien del mal. Hijo de misioneros en África, a Wess lo enviaron a una apartada escuela misionera cuando tenía solo seis años. Fue allí donde aprendió a mantenerse firme en contra del mal y luego a superarlo por medio del poder del perdón.

Sin el conocimiento de sus padres, a él y a otros niños los sometieron a terribles actos de crueldad por infracciones tan pequeñas como abrir los ojos cuando se suponía que estuvieran en la siesta o por no estirar de manera perfecta la sobrecama. Sus perseguidores los amenazaban, diciendo que el ministerio de sus padres a los africanos se destruiría si en algún momento se atrevían a decir lo que estaba pasando en la escuela. Como Wess amaba a los africanos de su aldea, guardó silencio, creyendo que su silencio contribuiría a la salvación de ellos.

Un día, luego de una visita con su familia a los Estados Unidos, justo cuando estaba a punto de abordar el avión que lo llevaría de regreso a África y a la escuela, le dijo toda la verdad a su madre. Un minuto más tarde, se lo llevaban junto a los otros niños antes de que su madre pudiera procesar lo que su hijo le acababa de decir. Ella y el padre de Wess se fueron luego en un barco. Durante el viaje de un mes de duración, batallando con lo que su hijo le había dicho, su madre sufrió un colapso nervioso. Cuando los directivos de la escuela se enteraron de lo que había causado su crisis, se pusieron muy furiosos.

Lo llevaron con violencia al frente del aula, uno de los padres de la casa obligó a Wess, un niño de diez años, a subirse a una silla y luego le entregó una vela de cumpleaños con mecha en ambas puntas. «Muchachos», anunció, «ustedes no pueden servir a Dios y a Satanás. Wesley lo ha intentado. Ustedes no pueden encender una vela por ambos extremos sin quemarse. Miren lo que sucede cuando tratan de hacerlo». Entonces encendió un fósforo.

En ese momento, Wess recibió su llamamiento. «Mientras las llamas se acercaban a mi piel, de mi interior surgió una ráfaga de fuerza que no puedo explicar bien ni siquiera hoy», dice él. «Tuve una idea desesperada: Podría *ganar esta vez...* si pudiera soportar todo ese dolor... siento el mal y la injusticia en lo más profundo de mi alma. Yo no era un instrumento de Satanás. Era un niño pequeño con un corazón quebrantado que había encontrado su voz y clamaba por rescate. Así que, basta; basta de vergüenza, basta de abusos, basta de mentiras. Esto tiene que acabar en algún lugar, en algún momento. Tomé mi decisión: ¡Esto se acaba ahora! ¡No lo voy a permitir!

»Nada me va a hacer llorar o soltar esa vela. Esta es la postura que voy a asumir; este era mi pequeña Masada.

»Me estremecí de manera violenta, las lágrimas rebosaban en anticipación de la carne quemada... Todo lo que podía escuchar era el pulso de mi sangre en mis oídos. Apreté duro los dientes, puse tensos todos los músculos de mi cuerpo, y apreté la vela tan fuerte como pude. Miré los bordes de mis dedos que se ponían rojos. Enseguida apareció una ampolla. Me sentí transportado fuera de mi cuerpo. Flotaba por encima de este niño aterrorizado, mirando como si le estuviera pasando a otro...

»Justo en ese momento, un niño de la primera fila no pudo soportarlo más, y dando un salto le dio un golpe a la vela y la sacó de mis manos... La reunión había terminado. Pero estando allí solo en mi silla, había recibido mi *llamamiento*. En un instante, había pasado de víctima a vencedor. A partir de ese día, protegería a los niños. Siempre hablaría por aquellos que no pueden hablar por sí mismos».

Al preguntarle cómo pasó del dolor a la liberación, él responde: «Cuando tenía diecisiete años, comprendí que los que me hicieron daño nunca se disculparían. Ni siquiera lo lamentaban. Pero yo no podía seguir cargando el dolor de mi pasado, así que decidí perdonarlos de todos modos. "¡Salgan de mi corazón! ¡Salgan de mi mente! ¡Salgan de mi vida!", recuerdo que decía. "Lo que me hicieron no definirá quién soy. Ustedes robaron mi infancia, pero no pueden tener el resto de mi vida. ¡Salgan; los perdono!"». La admirable historia de Wess trazó la trayectoria de una vida que se ha dedicado a defender a niños vulnerables a lo largo del mundo.

Hasta ahora hemos estado hablando del perdón de grandes ofensas. ¿Pero qué decir de las miles de pequeñas ofensas que se comenten contra nosotros en el curso de nuestra vida? Pocos de nosotros tienen la oportunidad de conceder perdón de algún tipo a gran escala. Es probable que CNN nunca nos persiga para una entrevista, ofreciéndonos la plataforma en la cual expresar nuestra magnanimidad. Más bien, nuestro reto es lograr que tanto el arrepentimiento como el perdón sean parte de nuestra vida de cada día. ¿Por qué? Porque el pecado es también algo de cada día.

Algunas de las ofensas más difíciles de perdonar, ya sean grandes o pequeñas, son las que cometen personas a las que yo llamo «amados enemigos», las personas con las que vivimos, trabajamos y asistimos a la iglesia; las personas por las que más nos preocupamos. Familiares y amigos tienen la habilidad de herirnos de una forma que los extraños por lo general no hacen. Por un lado, ellos nos conocen bien. Eso significa que son conscientes de nuestras vulnerabilidades. Por otro, estamos mucho más en contacto con ellos. Como resultado, sus ofensas pueden acumularse. Una cosa es perdonar una ofensa pasada y otra muy distinta perdonar algo que ha sucedido más de una vez y que pudiera repetirse en el futuro. El esposo que tiene la costumbre de menospreciar a su esposa; la madre que ofende a sus hijos; el adolescente que viola cada límite que tiene a su vista; las ofensas habituales pueden requerir de tiempo y esfuerzo para cambiar.

En Mateo 18:21 Pedro le pregunta a Jesús que cuántas veces debía personar a alguien que pecara contra él, sugiriendo de forma tentativa que tal vez siete sería una cantidad adecuada. Esto debió sonarle muy generoso a Pedro y a sus contemporáneos, pero Jesús no elogió a su pupilo estrella por responder bien. Más bien le respondió: «No te digo que hasta siete veces, sino hasta setenta y siete veces» (Mateo 18:22). La nota en la Biblia NVI sugiere la traducción alterna de «*setenta veces siete*», ¡que son cuatrocientas noventa veces! Pero el consejo que Jesús le da a Pedro es aun más extremo que esto. Al usar la frase «setenta y siete veces», Jesús está aludiendo de forma deliberada a la única otra parte en la Biblia donde aparece esta frase en particular.

Es posible que recuerdes que el primer asesinato se registra en el cuarto capítulo de la Biblia, el cual cuenta la historia de Caín y su desdichado hermano, Abel. Luego, en Génesis 4:23-24 nos encontramos a uno de los malhumorados descendientes de Caín, un hombre llamado Lamec, que promete vengarse de sus enemigos no solo siete veces (un número que simboliza lo que es completo), sino setenta y siete veces. Es evidente que la sed de venganza de Lamec fue más allá de cualquier cosa que pudiera haberse considerado justa o completa por parte de sus contemporáneos. Al repetir la frase distintiva «setenta y siete veces», Jesús estaba invocando la historia de Lamec, solo que él estaba abogando por todo lo contrario, dando a entender que sus discípulos debían permitir que su perdón excediera lo que cualquier otra persona pudiera pensar que era algo justo o completo. Debían perdonar de forma espléndida, generosa y persistente.

El perdón por el que Cristo abogaba y el que practicaba es encantador, sorprendente y creativo, abriendo caminos para la paz tanto dentro del que perdona como dentro del que recibe el perdón.

¿Recuerdas la historia de una de las familias más disfuncionales de la Biblia? Es la historia de José y sus hermanos quienes lo vendieron como esclavo (Génesis 37; 39—50). Las raíces de la historia se remontan a una historia familiar, con una dinámica de favoritismo que comenzó con Abraham, continuó con Isaac, y luego continuó en la vida de Jacob. Esta plaga de favoritismo alcanzó su cúspide con Jacob, que favoreció a José por encima de sus hermanos mayores. Consumidos por los celos, los hijos conspiraron para vender a su hermano como esclavo.

En uno de los más grandes cambios de rumbo de la historia, José, el esclavo, se convierte en un hombre de sabiduría y poder, un gran gobernador en Egipto. Es a él a quien sus hermanos, sin saberlo, vienen durante una hambruna, suplicando pan. En una de las escenas más memorables de Génesis, José se revela ante sus hermanos, diciendo: «Yo soy José, el hermano de ustedes, a quien vendieron a Egipto. Pero ahora, por favor no se aflijan más ni se reprochen el haberme vendido, pues en realidad fue Dios quien me mandó delante de ustedes para salvar vidas. Desde hace dos años la región está sufriendo de hambre, y todavía faltan cinco años más en que no habrá siembras ni cosechas. Por eso Dios me envió delante de ustedes: para salvarles la vida de manera extraordinaria y de ese modo asegurarles descendencia sobre la tierra» (Génesis 45:4-7).

Nota cómo José vuelve a elaborar el recuerdo de su doloroso exilio, poniéndolo dentro del contexto de un propósito más amplio de parte de Dios. Luego trata a sus hermanos traidores con una gracia impactante, ofreciéndoles perdón y bienvenida. El gesto de José es tan inesperado y tan poderoso que tiene efectos de largo alcance, ayudando a detener la transmisión del pecado familiar de favoritismo a las futuras generaciones. Por fin, el «amado enemigo» se ha transformado en el amado.

Para algunos de nosotros la persona más difícil de perdonar no es un hermano, ni un primo, o un padre. No es una hermana, una madre o una hija. Es alguien aun más cercano. Es a nosotros mismos. Deben existir varias razones para que encontremos tan difícil perdonarnos a nosotros mismos. Y con seguridad, una es que tal vez tengamos un problema de autoimagen. No estoy sugiriendo que estemos sufriendo de baja autoestima. Todo lo contrario. Es probable que nuestro problema tenga que ver más con una elevada autoestima. Es posible que estemos sufriendo por una idealizada manera de vernos a nosotros mismos que no se corresponde con la realidad. Como pensamos que somos mejores de lo que somos, nos decepcionamos cuando no vivimos de acuerdo a nuestros estándares, castigándonos en lo emocional por nuestras fallas, incapaces de extendernos la gracia que ofrecemos a los demás.

Uno de los peligros de pertenecer a Cristo es que Dios a veces hace un trabajo tan bueno al limpiarnos que podemos olvidar cuánto seguimos necesitando de él. En mi caso, comencé mi vida cristiana con una acertada consciencia de mi necesidad. Pero al seguir a Cristo, comencé a crecer en confianza. Poco a poco me despojé de los viejos hábitos y formé nuevos más saludables.

Se sanaron las heridas. Comencé a usar dones que ni siquiera sabía que tenía. Mientras la vida avanzaba, llegué a ser más segura de mí misma e independiente.

Como mi conversión había sido bastante dramática, tenía la tendencia a ver mi vida en términos de «antes» y «después». Luego de breve tiempo, mi vida antes de ser cristiana fue quedando en el pasado, convirtiéndose poco a poco en alguien a quien recordaba pero que apenas reconocía. Si una vez me había sentido desesperada por el perdón de Dios y su gracia salvadora, ahora me sentía bastante bien con respecto a mi vida. Sabía lo que se suponía que hiciera y trataba de hacer mi mayor esfuerzo por lograrlo. Sin darme cuenta de ello, mi estilo de cristianismo comenzó a transformarse en algo que dependía mucho más de mí que de Dios. Pero todos mis intentos no resultaron en una vida de paz y gozo. En vez de eso, me sentía cada vez más frustrada, y Dios parecía cada vez más remoto.

Como siempre, Cristo fue misericordioso, permitiéndome ir hasta el final de mis propias fuerzas de modo que pudiera reconocer que veinte años después de mi conversión, seguía necesitando tanto su gracia y su misericordia como cuando su amor me cubrió la primera vez. Además de reconocer mi propio problema de autoimagen, se hizo evidente que había problemas también con la imagen que tenía de Dios, ya que no creía que Dios fuera en verdad tan bueno como una vez pensé que lo era.

Tal vez fue esto lo que Cristo tenía en mente cuando exhortó a la iglesia en Éfeso: «Sin embargo, tengo en tu contra que has abandonado tu primer amor. ¡Recuerda de dónde has caído!» (Apocalipsis 2:4-5).

Nuestro primer amor no se edificó sobre nuestros esfuerzos de ser perfectos, de seguir todas las reglas. Fue un puro regalo, que se nos prodigó porque por primera vez vivíamos en la realidad y nos veíamos como personas quebrantadas en medio de un mundo quebrantado, con una tremenda necesidad de gracia. Dios nos escuchó, nos perdonó y nos llenó con su Espíritu. Esa es la «altura» de donde hemos caído, la altura de conocer cuán bueno es Dios, con cuánta intensidad nos ama y cuánto bienestar desea proveer para nosotros.

No se supone que nuestra conversión sea solo un acontecimiento de una vez, algo que solo podemos mirar atrás en actitud de asombro. Vivir en la gracia de Dios, admitiendo nuestra necesidad, llegando a ser como él por el poder de su Espíritu, ese debe ser el sello de nuestra vida como cristianos. Somos las ramas, conectadas a la vid de donde fluye nuestra vida. Al practicar el perdón de tipo «setenta y siete» que Jesús demanda, llegaremos a la postre a convertirnos en lo que ya somos en Cristo: hombres y mujeres amados por quienes él murió y resucitó.

¿Qué significa seguir a Cristo, ser ramas de su vid, ovejas de su prado? En un mundo que está siempre elogiando las virtudes del liderazgo, tal vez es tiempo de considerar la virtud contraria, la de convertirnos en un seguidor. ¿Cómo puede esto acercarnos a la paz que anhelamos?

En busca de la paz
---

1. ¿Cómo visualizó Jesús una relación con sus enemigos? ¿Cómo puedes tú visualizar una relación con tus enemigos?

2. En su libro *El gran divorcio*, C. S. Lewis describe una escalofriante escena entre un antiguo empleador y su empleado (ver páginas 75-76). ¿Cómo se relaciona esta escena con tus propias luchas tanto para perdonar como para recibir perdón?

3. Piensa en tus propios «amados enemigos». ¿Por qué es a veces difícil ofrecer perdón a aquellos que te son más cercanos?

4. ¿Por qué estaba abogando Jesús cuando instruyó a sus discípulos a que perdonaran a las personas «setenta y siete veces?» (Ver páginas 79-80). ¿Cómo puedes ponerle límites a tu propia disposición de perdonar?

5. ¿Encuentras difícil perdonarte a ti mismo, incapaz de extender a ti mismo la gracia que ofreces a otros? ¿Cómo te pudiera beneficiar comprender la magnitud de tu quebrantamiento y tu continua necesidad de gracia?

6. ¿A quién le has pedido perdón? ¿A quién todavía necesitas pedirle perdón?

Capítulo cinco

La paz de seguir

Aunque los estereotipos pueden a veces ser nocivos, muchos de ellos perduran porque contienen más que una pizca de verdad. Considera el del profesor despistado. Una amiga me contó una vez sobre un profesor a quien se le olvidaban tanto las cosas que viajó a una reunión en su auto y luego tomó un taxi hasta el aeropuerto, olvidando que había venido manejando a la reunión. Otra vez, un estudiante encontró a este mismo profesor en uno de los estacionamientos de la universidad. Parado junto a su auto, con un brazo lleno de libros y una mirada perpleja, el profesor llamó a voces al estudiante y le dijo: «Discúlpame. Me pregunto si pudieras decirme si es que estoy llegando o me estoy yendo».

Cuando se trata de nuestra vida espiritual, algunos de nosotros estamos ante similar desafío. No sabemos con exactitud si llegamos o salimos. Atrapados en los sucesos diarios de nuestra vida, dejamos de recordar que somos *seguidores* de Cristo. Eso quiere decir que es él quien guía y juntos vamos a algún lugar. Pertenecer a Jesús significa estar en movimiento, no establecidos. Significa vivir la vida a la mayor plenitud posible. No obstante, muchos de nosotros olvidamos esto. Invertimos tanto en nuestra vida en este tiempo que olvidamos el propósito por el que estamos viviendo.

Con mucha frecuencia nuestros pensamientos y nuestras acciones revelan lo que en verdad creemos: que este mundo es lo único que importa, nuestro destino final.

¿Recuerdas la historia de Dorothy, la joven de Kansas que siguió el camino de baldosas amarillas en busca de la Ciudad Esmeralda y el gran mago de Oz? En un momento de su búsqueda, ella y sus acompañantes deambulan por un campo de amapolas. Aunque Dorothy no lo sabe, está en un terreno peligroso porque las flores destilan un perfume que puede adormecer a los viajeros incautos y ponerlos a dormir para siempre. Nuestro mundo puede a veces funcionar como ese primoroso campo de amapolas, adormeciéndonos con sus placeres y seduciéndonos con sus comodidades.

Al poco tiempo, nos vemos tentados a establecernos, olvidando que nosotros, también, nos hemos embarcado en una importante búsqueda. Una casa más linda, un mejor trabajo, un cuerpo más delgado; esos y miles de otros deseos pueden controlar nuestros pensamientos, nuestros talentos y nuestras energías, distrayéndonos en el viaje espiritual que hemos comenzado. Somos atrapados por incontables anhelos, nos quedamos atascados como un muñeco de alquitrán a todos nuestros deseos.

Incluso nuestros problemas pueden ser una trampa. La bolsa se hunde y proliferan los temores. Nuestros hijos riñen y se hace presente la ansiedad. Nuestra carrera nos decepciona y llega la depresión. Si te preguntas si esto se aplica a ti, piensa por un momento en las cosas que te molestaron la semana pasada. Luego en las cosas que te han dado mayor gozo. ¿Alguna de ellas tiene al menos un soplo de eternidad, o solo llevan el perfume de este mundo? Nuestras emociones pueden proporcionar pistas sobre lo que en realidad nos mueve, sobre lo que en realidad es más importante en nuestra vida.

Tanto los deseos como las luchas, si los buscamos o los combatimos sin relación a Dios, pueden ser una niebla que oscurece no solo el camino delante de nosotros, sino el hecho de que incluso estemos en un camino. A veces logran que olvidemos con más facilidad hacia dónde Cristo nos está guiando. Por supuesto, Dios puede usar nuestras dificultades para hacer avanzar sus planes. En ocasiones es cierto, como se dice, que el obstáculo en sí es el camino. Una enfermedad puede conducir a una oración más profunda y a una mayor empatía. Un hijo difícil puede guiarnos a una fe más grande y a una mayor paciencia. Nada se desaprovecha en la vida de aquellos que pertenecen a Dios. Hasta nuestros deseos pueden ayudarnos a discernir su voluntad. Los errores vienen de buscar o resistir los deseos y las dificultades por nosotros mismos, sin buscar la ayuda y la dirección de Dios.

Si queremos experimentar paz, es esencial que comprendamos que la vida cristiana no es una proposición estática. No es una simple cuestión de estar de acuerdo con un conjunto de creencias y luego seguir en nuestros asuntos. La vida con Cristo se trata del viaje, el camino, la senda. Si tememos emprender el viaje o si insistimos en ser nosotros los que guiemos, nunca disfrutaremos la plenitud, la seguridad, la sanidad y el éxito que Dios nos ha preparado. ¿Cómo se ve esto en la práctica?

Hace poco mi hija y yo estábamos tratando de determinar cuál era la mejor escuela preuniversitaria a la que podía ir. Durante los últimos nueve años, incluso desde el preescolar, ella había asistido a una pequeña escuela del barrio, un lugar que envolvía a los niños en su acogedor abrazo. Con solo quince estudiantes en su aula, este había sido un lugar especial para aprender y crecer. Sin embargo, ahora era tiempo de aventurarse en el grande y ancho mundo de la enseñanza preuniversitaria. La mayoría de sus amigos iban a ir a una escuela algo pequeña a unos kilómetros de distancia. Pero por varias razones, esta no parecía ser la elección correcta para ella. Oré y analicé las opciones con ella. Y juntas, decidimos por otra escuela.

Al acercarse el comienzo de su primer año como estudiante preuniversitaria, me encontraba vacilante, preocupándome por lo grande que era la nueva escuela de mi hija. Era tan grande, le dije a mis amigas, que los nuevos alumnos necesitarían un GPS para saber a dónde ir. ¿Y si el cambio era demasiado grande? ¿Y si le era muy difícil hacer nuevos amigos ya que muchos de los estudiantes ya se conocerían unos a otros porque venían de las mismas escuelas? Según crecía mi ansiedad, comencé a reconsiderar la decisión, pensando que tal vez sería más seguro optar por la escuela a la que sus amigos estaban planeando asistir. ¿Pero y la dirección que yo creía que Dios nos había dado? Recordando la oración que había moldeado nuestra decisión, decidí seguir adelante.

Aunque ha tenido que ajustarse a la nueva escuela, a mi hija le encanta. Lo que es más, el otro preuniversitario a donde podría haber asistido ha experimentado algunas dificultades imprevistas, y esto ha traído como resultado que muchos de sus amigos están yendo a otras escuelas.

La mayor parte de nuestra vida la vivimos en medio de las preocupaciones de cada día. Aunque mi ansiedad hizo que me tambaleara un poco en el camino, Dios me dio la gracia para mantenerme en él. Gracias a eso, mi hija y yo estamos experimentando más paz en el presente. Seguir a Cristo no siempre es algo apacible, pero hacerlo creará oportunidades para que su *shalom* caracterice nuestra vida.

Tomando prestada una frase de Friedrich Nietzsche, Eugene Peterson escribió un libro titulado *Una obediencia larga en la misma dirección*. Es una frase que captura nuestro llamamiento como seguidores de Cristo. En el mundo judío de Jesús era costumbre que los discípulos siguieran a su rabí tan de cerca, que eran cubiertos por el polvo de sus pisadas mientras él agitaba el arenoso camino delante de ellos. Ellos querían escuchar cada palabra, comprender cada instrucción, permanecer cerca de su rabí mientras él indicaba el camino. Dedicando hora tras hora, día tras día, siguiéndolo por todo lugar, no solo escuchaban lo que su rabí decía. Ellos observaban lo que hacía y la forma en que reaccionaba. Su meta era llegar a ser lo más parecido a él que pudieran, porque creían que él vivía una vida que agradaba a Dios. Así es que debemos pensar en nuestra relación con Cristo. Jesús es nuestro Rabí, el que nos muestra lo que significa vivir una vida bajo la bendición de Dios. Recuerda sus palabras a sus discípulos: «Yo soy el camino, la verdad y la vida [...] Nadie llega al Padre sino por mí» (Juan 14:6).

Las Escrituras hebreas están llenas de importantes historias sobre viajes que se emprendieron: El viaje de Abraham a la tierra que Dios le había prometido. El obligado viaje de José hasta Egipto como esclavo. El viaje de los israelitas desde Egipto con rumbo a la tierra prometida. David Pileggi, rector la Iglesia de Cristo en Jerusalén, señala que el judaísmo es una religión de recordatorios. Los israelitas deben recordar que una vez fueron esclavos en Egipto a quienes Dios libertó con mano poderosa y brazo extendido. Deben recordar cómo él los guió en el desierto durante cuarenta años. Deben recordar el día de reposo y guardarlo como santo.

Tan importante es el mandamiento de recordar que Dios instruyó a los israelitas a que hicieran algo que suena extraño en los oídos modernos. Él les dijo que cosieran flecos en los bordes de sus vestidos. ¿Por qué? Primero, porque la ropa, tanto entonces como ahora, reflejaba el estatus social de una persona. En Egipto los esclavos hebreos habían ocupado el escalón inferior de la sociedad. Al ordenarle a su pueblo que pusiera flecos en el borde de su vestiduras, Dios estaba elevando su estatus, tratándolos como realeza ya que eran los príncipes y reyes quienes por lo general usaban flecos, no las personas comunes y mucho menos los esclavos.

Segundo, el borde o dobladillo simbolizaba la identidad y autoridad de una persona. Era habitual que un hombre «firmara» un contrato legal al presionar el dobladillo de su vestidura en la tableta de barro sobre la cual estaba esculpido. Así que cada vez que los israelitas miraban los flecos en el borde del vestido, recordaban dos cosas: Primero que pertenecían a Dios, y segundo que estaban obligados a cumplir sus mandamientos.

Pileggi dice que a los judíos se les llama a recordar para que puedan obedecer. Él pregunta: ¿Por qué el judío ortodoxo viste un *kipá*, o *yarmulke*, hoy? Para recordar que hay un Dios en el cielo. ¿Por qué besan una *mezuzá*? Porque dentro de esta caja pequeña y rectangular adherida a la jamba de la puerta de sus casas hay una copia de la *Shema*, la oración que comienza: «Escucha, Israel: El Señor nuestro Dios es el único Señor» (Deuteronomio 6:4).

Recuerda, recuerda, recuerda; este es el resonante estribillo que sigue el rastro del pueblo de Dios a través de toda su historia. Olvidar es ir al exilio, expulsados de la presencia de Dios. Recordar es vivir con él en la tierra prometida.

Rabí Gamaliel, el maestro del apóstol Pablo, enseñaba que cada persona, sin importar la era histórica en que viviera, debía llegar a sentir como si hubiera ella misma salido de Egipto. Su consejo se venera en la pascua de los judíos que se celebra cada año. De acuerdo con Gamaliel, la historia de la liberación de Dios no solo se debe volver a contar, sino volver a vivir.

¿Pero qué significa eso? Significa que todo el que quiere seguir a Dios tiene que tomar la decisión personal de salir de Egipto, de dejar atrás la esclavitud que viene de vivir sin Dios. Tú sales cuando abandonas tu vieja vida y decides seguir a Dios. Pero salir no es fácil. Algunos de nosotros sentimos temor de lo que Dios pudiera pedir, o lo que pudiera requerir. Preferimos una vida de predecible esclavitud a una bajo la dirección de un Dios impredecible. Otros se resisten a salir porque no reconocen que están encadenados.

Saben que tienen problemas, pero la vida no parece ser tan mala. ¿Por qué tienen que dejarlo todo para abrazar una vida que requiere que vivan por fe y no por vista? Incluso aquellos más deseosos de salir de Egipto pudieran pronto sentirse tentados a regresar cuando la vida se hace difícil.

Mira lo que les sucedió a los israelitas. A pesar de las plagas, a pesar de la columna de fuego por la noche y de nube por el día, a pesar de la división del Mar Rojo y la decisiva y certera manera en que Dios los liberó, algunos quisieron regresar a Egipto. No les gustó el hecho de que seguir a Dios significara abrazar cosas que les desagradaban, cosas como obedecer y esperar. «¡Quién nos diera carne! ¡Cómo echamos de menos el pescado que comíamos gratis en Egipto! ¡También comíamos pepinos y melones, y puerros, cebollas y ajos!» (Números 11:4-5). Recordando lo que era predecible, seguro y cómodo en Egipto, habían olvidado la terrible crueldad que sufrieron allá.

Una amiga en un curso de posgrado me contó una vez cómo Cristo se le había dado a conocer. Estaba a punto de cometer suicidio cuando sucedió algo que la convenció de que Dios era real y que se interesaba en ella. Cuando yo la conocí, ya Robin era cristiana desde hacía algún tiempo. Unos años después, supe que ya ella no se consideraba cristiana. ¿Qué la había sacado de su rumbo? No lo sé, pero sospeché que fue un hombre que ella había conocido. Para una chica sola, que nunca había tenido novio, la atracción de esa relación pudo haber parecido más llamativa que la fe que una vez había abrazado. Proverbios 14:12 nos advierte con estas palabras: «Hay caminos que al hombre le parecen rectos, pero que acaban por ser caminos de muerte».

Al igual que los israelitas y mi amiga, algunos de nosotros también hemos vacilado en nuestro camino fuera de Egipto. Tal vez hemos encontrado obstáculos que han hecho que nos desviemos. Es posible que los que viajan con nosotros, otros que profesan amor por Jesús, nos hayan decepcionado. Los planes que pensamos que Dios iba a bendecir no terminaron bien. Las oraciones que hicimos no recibieron la respuesta que esperábamos. Tal vez hemos comenzado haciendo pequeñas concesiones que se fueron haciendo cada vez más grandes. Lastimados por los pecados de otros, cada vez estamos más amargados. Temerosos de quedarnos sin dinero, dejamos de dar. Buscando un poco de placer que nos alivie, nos vemos atrapados en las drogas o en la pornografía. O tal vez simplemente le dijimos una serie de pequeños «no» a Dios que nos han endurecido en un estilo de vida privada de su presencia. Antes de darnos cuenta, ya no estamos siguiendo sino retirándonos... de regreso a Egipto, de regreso al lugar de esclavitud, fastidio, olvido y desespero.

Si esto describe tu situación, aunque sea en parte, aún hay tiempo de volver, aún hay tiempo de retomar el camino. Por fortuna, tú no tienes que encontrar de nuevo el camino por ti mismo, ya que Jesús es el que va buscándote. Él es el buen pastor que deja a las noventa y nueve ovejas para ir a buscar a la que se ha perdido. Solo tienes que pedir su ayuda.

La palabra que describe este acto de darnos la vuelta, de dejar el camino equivocado para llegar al camino correcto, es «arrepentimiento». Es el primer paso en nuestro viaje de regreso a Dios. Como señala Eugene Peterson: «El arrepentimiento es darnos cuenta de que lo que Dios desea de nosotros y lo que nosotros deseamos de Dios no se va a lograr haciendo las mismas cosa viejas, teniendo los mismos pensamientos viejos. El arrepentimiento es una decisión de seguir a Jesucristo y convertirnos en sus peregrinos en el camino de la paz».

Peterson continúa diciendo que el arrepentimiento «es la acción que sigue de la comprensión de que la historia no es un callejón sin salida, y la culpa no es un abismo. Es el descubrimiento de que siempre hay un camino que nos saca de la aflicción; un camino que comienza en el arrepentimiento, o en el volvernos a Dios».

El arrepentimiento es el esencial primer paso para salir de una vida de problemas y aflicción. Sin embargo, seguir a Dios implica más que solo dejar Egipto. Los israelitas esclavos no solo estaban escapando de la esclavitud. Estaban avanzando hacia la libertad, con rumbo a la tierra que Dios había prometido. Nota que una de las primeras paradas en su largo viaje fue en el Monte Sinaí. Esta fue la montaña que subió Moisés para encontrarse con Dios y recibir los mandamientos. Sabemos eso. Hemos escuchado la historia mil veces. Es difícil que nos entusiasmemos con la entrega de la ley. A decir verdad, muchos de nosotros retrocedemos ante la palabra «ley» porque la igualamos a legalismo. La última cosa que queremos abrazar es una vida de reglas y regulaciones rígidas.

Pudiera ser de ayuda el saber que la palabra hebrea *torah*, traducida como «ley» en las Biblias cristianas, muchas veces se traduce como «enseñanza» o «instrucción» en las Biblias judías. Así que si pensamos en lo que ocurrió en el Monte Sinaí, es lógico que pensemos en ello como el momento en que Dios dio a su pueblo instrucciones esenciales para su viaje. Sin esas instrucciones, nunca llegarían a la tierra prometida. Dios les estaba enseñando a convertirse en sus seguidores, personas que permanecieran cerca de él y no descarriadas. Obedecer traería felicidad. Desobedecer traería dolor. Rechazar la dirección de Dios significaría la pérdida de la vida satisfactoria y vibrante para la cual él los había llamado.

¿Por qué los israelitas necesitaban instrucción o dirección? Porque habían entrado en una relación con Dios, y comenzar una relación siempre implica algún tipo de requerimientos. Los estudiantes, por ejemplo, tienen que estar dispuestos a aprender de sus maestros. Los cónyuges tienen que amarse y servirse unos a otros.

Los amigos tienen que ser leales. Si no se satisfacen estos requerimientos, las relaciones se deteriorarán.

Siendo esto así en las relaciones humanas, ¿por qué sorprendernos al saber que estar en una relación con un Dios santo también tiene sus requerimientos? Pertenecer a Dios y disfrutar su comunión significa que abandonamos nuestro propio deseo de ser Dios. Pertenecer a él significa que tenemos un llamado a escuchar y a hacer lo que él pide. Significa que amamos lo que él ama: la justicia, la misericordia y la bondad. Debemos ser santos como él es santo. Ese fue el principal propósito de Dios al sacar a su pueblo de Egipto. No solo quería liberarlos de sus captores, sino vivir en medio de ellos.

Un vistazo al libro de Génesis revela que esto estaba en la mente de Dios desde el mismo principio. Génesis 3 muestra a Dios paseando por el jardín cuando el día comenzaba a refrescar. En el principio, Adán y Eva tenían fácil acceso a su Creador. Debido a su relación con él, disfrutaban de perfecta paz; un sentimiento de plenitud, bienestar, perfección, seguridad y salud. Todavía no existían palabras para enfermedad, confusión, dolor y muerte, porque nadie había experimentado estas cosas. Pero entonces sucede algo trágico... o más bien dejó de suceder. Dejaron de escuchar, dejaron de confiar, dejaron de seguir. En vez de ello, quisieron seguir su propio camino. Y su decisión de seguir en otra dirección los condujo a la peor dirección de todas: directo al exilio. Abandonando el paraíso terminaron viviendo en una tierra de cardos y espinas.

Aunque la raza humana experimentó una trágica caída de la gracia, sabemos que Dios no nos ha dejado por imposibles. Apocalipsis nos dice que al final de los tiempos, después que el humo se haya desvanecido, veremos a Dios cara a cara. Y cuando lo veamos, experimentaremos la perfecta paz que tanto anhelamos. No faltará nada de lo que necesitemos o deseemos; ni una sola cosa. Ese es el final. Conocer a Dios. Ir a Dios. Ver a Dios, no «como en un espejo», como caracterizaba Pablo la manera en que lo vemos ahora (1 Corintios 13:12). La meta es ver a Dios con claridad, tener lo que algunos llaman la «beatífica visión», una experiencia que transformará nuestra eternidad. Ahora solo tenemos vislumbres de Dios, entonces lo veremos tal y como él es. Hasta entonces, la vida no es cosa fácil. No se trata de buscar la relación perfecta. No se trata de recolectar todos los tesoros y utensilios que quepan en nuestros bolsillos. No se trata de regresar o establecernos. Se trata de mantener el rumbo hasta que lleguemos a nuestro destino final en los brazos de Dios.

Así que Dios escogió a Israel para que perteneciera a él de una manera especial, e Israel llegó a ser santo. Él les dio el regalo de convertirse en su pueblo. Pero el regalo, como señala David Pileggi, requiere «mantenimiento».

Imagina por un momento que alguien te acaba de dar un regalo muy costoso, el auto de tus sueños. En mi caso, sería el Thunderbird de 1957. Tendría un poderoso motor V-8, ruedas de catorce pulgadas, y un techo descapotable con portillas. Sería también de color azul. Ahora, ese sería un regalo para apreciarlo mucho, y para cuidarlo mucho. Aunque no es mi intención igualar nuestra relación con Dios a un excelente auto deportivo, sí quiero destacar que el inestimable regalo que hemos recibido en Cristo necesita de mantenimiento. Lo mantenemos al seguir muy de cerca sus instrucciones y enseñanzas sin importar cómo nos sentimos en un momento dado.

Dios dice: «No robes», así que no estafas a las personas ni siquiera cuando te sientes en aprietos. Dios dice: «Honra a tu padre y a tu madre», así que muestras respeto sin importar si tus padres lo merecen o no. Dios dice: «No cometas adulterio», así que no duermes con alguien solo porque estás enamorado. Dios dice: «No tengas otros dioses además de mí», así que valoras sus caminos en vez de inclinarte ante los ídolos de tu era: corrección política, dinero, sexo, poder. Como dice Pileggi: «El regalo es gratis, pero el mantenimiento es costoso».

La razón por la que uno sale de Egipto no es sentirse mejor o tener una vida más feliz, aunque esto pudiera suceder. La razón por la que uno sale es encontrarse con Dios.

Sin embargo, Dios es tímido. No le impone su presencia a nadie y se aleja de aquellos que no lo seguirán. O tal vez no es tímido sino misericordioso, no dispuesto a consentir nuestro error al bendecirnos con su presencia. Quizás se distancia, esperando que nos volvamos a él y le sigamos de cerca una vez más, muy necesitados de su presencia y ávidos de su paz.

Muchos de nosotros trabajamos bajo la ilusión de que la paz viene cuando tenemos el control de nuestras circunstancias. Si tan solo pudiéramos controlar a nuestros hijos, nuestro trabajo, nuestro futuro. Entonces sentiríamos más paz. Pero ese camino conduce a la frustración y el desaliento, para nosotros y para los demás. El grado de control que buscamos no es humanamente posible.

Mi hermano Jim sabe cómo tratar a los perros. En la familia lo llamamos el conversador con los perros. Además de curar a nuestras mascotas de sus diversas neurosis, ha ayudado a los perros de otras personas con problemas de conducta tales como orinarse en las alfombras, saltar sobre las personas, escaparse, tirar de la correa, saltar contra las cortinas, ladrar sin parar y pelear con otros perros. Jim adapta su estrategia al temperamento del perro, buscando comprender sus fortalezas y debilidades. Pero su arma secreta, lo que ayuda a que los perros cambien, viene del hecho de que conoce que los perros son animales de manada en busca de un fuerte líder de manada. Sin uno, los perros muchas veces se ven ansiosos, neuróticos o agresivos. Así que él se convierte en el líder de la manada. Una vez que los perros sienten que él ha asumido ese rol, comienzan a calmarse y a comportarse de manera normal. Ya no tienen que tratar de ser su propio líder de manada. Al sentir la energía de Jim, se comportan de forma apacible y fácil de enseñar, y es asombroso lo bien que se llevan unos con otros y lo rápido que cambian.

Aunque los seres humanos no somos perros, también necesitamos un líder cuya energía pueda guiarnos a más paz y libertad. Cuando seguimos a Cristo y permanecemos cerca de él, comenzamos a calmarnos. Nos convertimos en personas más apacibles porque dejamos a un lado nuestras pretensiones de gobernar el universo. Dejamos de tratar de hacer lo imposible, como ver el futuro o controlar cada circunstancia. Dejamos lo que pertenece a Dios en las manos de Dios. También escuchamos su voz porque sabemos que Cristo puede ayudarnos a navegar a través de nuestro presente. Seguirlo a él nos hace sentir en paz y fáciles de enseñar.

Hace algunos años, cuando la economía era más robusta, me desenfoqué. No fueron drogas, no fue sexo, pero fue dinero. Me enamoré de una casita amarilla con una cerca blanca en un área de urbanización que se caracterizaba por consumidores adinerados. Esta urbanización era mejor que cualquier otra en el área, con una reluciente piscina en el medio de un precioso patio desde donde se podían contemplar los botes que pasaban de un lado al otro en el canal en su rumbo al Lago Michigan. No la compré para vivir, sino como una inversión. Pensé que podía alquilarla en el verano, ayudándome así a pagar la hipoteca. La bolsa había sido un entorno muy traicionero durante algunos años. ¿Por qué no diversificar y poner algo de dinero en los bienes raíces? Así que eso hice.

Esta decisión no habría sido tan mala a no ser porque la tomé sin considerar cierto freno que sentía en mi espíritu, un sentimiento de inquietud de que esto no era lo que Dios quería que hiciera con mi dinero. Oré por eso, esperando que el sentimiento se desvaneciera, pero no sucedió. No obstante, me sentía segura de que cualquiera que estuviera familiarizado con esa urbanización me felicitaría por tan inteligente inversión. Así que seguí con la compra. Poco tiempo después, la bolsa se derrumbó y el mercado de bienes raíces cayó a niveles en los que no había estado desde la Gran Depresión. La considerable ganancia que había vislumbrado con la venta de la propiedad en unos pocos años comenzó a parecer más como una significativa pérdida. Sentía el peso de ello cada día... y todavía lo siento.

Lo que había parecido como la desaprobación de Dios cuando estaba considerando la compra comenzó a parecer más y más como la preocupación de Dios. No me había dado paz en la compra de la propiedad porque sabía con exactitud lo que se avecinaba. ¿Y si en lugar de tratar de matar mi gozo, el Señor había estado tratando de preservarlo, conociendo que poseer esta propiedad no añadiría a mi sentido de paz y seguridad sino que le restaría? Es vergonzoso revelar este episodio de mi vida. Preferiría no tener que escribir de ello, pero es una ilustración muy buena de lo que sucede cuando dejamos de seguir al Dios que nos ama. Si sospechas que Dios es un gruñón o un ladrón de gozo, será difícil seguirlo cuando él trata de conducirnos en una dirección hacia donde no quieres ir.

La vida en este mundo puede estar cargada de dificultades. Como señala Eugene Peterson, los cristianos «viajan por el mismo suelo por el que todos los demás caminan, respiran el mismo aire, beben la misma agua, compran en las mismas tiendas, leen los mismos periódicos, son ciudadanos bajo los mismos gobiernos, pagan los mismos precios por los comestibles y la gasolina, temen los mismos peligros, están sujetos a las mismas presiones, sienten las mismas angustias, los entierran en la misma tierra». La diferencia vital es que nosotros vamos a Dios, y las dificultades que encontramos en nuestro viaje no podrán infligir ningún daño permanente a nuestra alma.

Cuando se trata de viajes, los antiguos israelitas tenían una ventaja que nosotros no tenemos. La geografía física de su tierra les hablaba del viaje espiritual en el que estaban. Siendo llamados a asistir como a tres fiestas al año, todas ellas celebradas en Jerusalén, el viaje habría sido algo difícil y de mucho sudar para aquellos que peregrinaban. ¿Por qué? Porque Jerusalén era la ciudad más alta en Israel. Para llegar al templo, el lugar que Dios había escogido como morada, los peregrinos tenían que pasar la mayor parte del tiempo ascendiendo. Allí celebrarían las fiestas como un tiempo de recordación y proclamación de las grandes cosas que Dios había dicho y hecho en la historia de su pueblo.

De igual manera, seguir a Dios es un ascenso. Mientras subimos, debemos recordar lo que Dios ha dicho y hecho para que podamos confiar en él para el futuro. Pertenecer a Cristo, por supuesto, implica más que una conformidad externa. Significa darle dominio a su Espíritu, que mora dentro de nosotros. El Espíritu no solo nos dirige, sino que hace posible nuestra obediencia, moldeándonos para ser «pequeños cristos», seguidores deseosos de hacer la voluntad de Dios y aprovechar las oportunidades que él nos da. Cuanto más aprendamos a vivir en el Espíritu, más paz y gozo tendremos.

En su libro *Practicing Peace* [La paz practicante], Catherine Whitmire nos cuenta la historia de William Dizler, un hombre que vivió en el siglo diecinueve. Al parecer, Dizler sentía que Dios quería que usara parte de su hora de almuerzo para pararse cerca de una ventana abierta y leer la Biblia en voz alta. Lo hizo durante varias semanas hasta que de repente sintió que no debía seguirlo haciendo. Algún tiempo después, un pastor de una iglesia local vino a visitarlo. «Siento que debo contarte la experiencia de una de mis feligreses», explicó el pastor.

Dizler le preguntó que si se trataba de alguien que él conocía.

«Me parece que no», respondió el pastor. «Ella era una joven que vivía en un cuarto en altos, al otro lado del patio de tu oficina. Aunque sabía que estaba muriendo de tuberculosis, se sentía en rebeldía contra Dios y no quería que yo la visitara. Entonces un día, la voz de un desconocido lector que ella no podía ver, llegó hasta ella. Trató de no escuchar. Se cubrió los oídos con las manos y se tapó con la colcha. Con todo, la voz llegaba día tras día. Poco a poco comenzó a escuchar y murió en paz».

Dizler pudo haber rechazado la idea de pasar la mejor parte de su hora de almuerzo leyendo las Escrituras en voz alta frente a una ventana abierta. Pudiera haber parecido una cosa un poco tonta. Pero en lugar de ello, escuchó y una joven halló paz.

Dios nos da oportunidades a cada uno. Pero no nos obliga a tomarlas. Recuerdo una ocasión en que manejaba hacia el norte para visitar a un tío anciano poco después de la muerte de mi tía. Él vivía solo en una pequeña cabaña. Un lugar idílico, pero solitario. Me sentía preocupada sabiendo que su salud estaba quebrantada y que tenía pocos amigos y familiares cerca de él. Me preguntaba por el estado de su alma. Hasta donde sabía, nunca había mostrado el más mínimo interés en ningún tipo de religión, ni tampoco su esposa, mi tía. Poco antes de que ella muriera, tuve la oportunidad de orar con ella y hablarle del amor de Cristo. Ahora quería hablar con él, pero la idea me ponía un poco nerviosa. Nunca habíamos tenido una conversión seria sobre tema alguno. Con todo, mi consciencia seguía molestándome. ¿Y si moría sin que nunca le hubiera hablado sobre lo que Cristo significa para mí?

Así que me propuse ir a verlo. Mientras más me acercaba, más incómoda me sentía. A los pocos minutos de haber llegado, me vi

LA PAZ DE SEGUIR   101

iniciando con un poco de torpeza una conversación acerca de la fe y de Jesús, y sobre lo diferente que era mi vida desde que me entregué a él. Fue una presentación poco elegante. En mi interior sentía vergüenza, pensando en lo torpes e ineptas que habían sido mis palabras. Pero para sorpresa mía, mi tío dio calor a la conversación diciendo que en los últimos días había conocido el amor de Dios y que sentía su presencia con él.

Hasta el viejo perro negro que estaba echado a su lado, dijo, era una señal de que Dios lo había estado cuidando. El perro había estado vagabundeando, enfermo y perdido. Mi tío lo había alimentado hasta que recuperó su salud, y ahora el viejo perro y el anciano se habían convertido en maravillosos compañeros. No recuerdo todas las cosas que hablamos, pero cuando llegó la hora de irme, sentí mucha paz en relación con el bienestar de mi tío. No creo que mis palabras hayan logrado un gran impacto, pero sí creo que mi obediencia fue importante. Al final, tener esta conversación con mi tío me dio paz, y dio a Dios otra oportunidad de mostrar su amor por mi tío.

Todo el que pertenece a Cristo va a algún lugar. Somos peregrinos, no colonos. A veces puede parecer que hemos vagado en un desierto vasto y sin fin, un lugar donde la vida es mucho más difícil de lo que pensamos que debía ser. Pero incluso el desierto puede ser un lugar para cobrar aliento. ¿Por qué? Porque fue en el desierto donde el pueblo de Dios se multiplicó y fortaleció.

Fue allí, en ese lugar difícil, que aprendieron sobre la fidelidad de Dios, observando cómo él los cuidaba y protegía. No hagamos el viaje más difícil de lo que debe ser al desechar la palabra que puede ayudarnos en medio de todo el trayecto: obediencia. La obediencia es como la gasolina que alimenta un motor, ayudándolo a ir más rápido. En vez de ser una palabra a la que ofrezcamos resistencia, puede convertirse en una palabra que apreciemos. Para el cristiano, como señala Eugene Peterson, la obediencia debe ser «una optimista carrera hacia las promesas de Dios». Es la clave para vivir una vida de paz.

Hasta ahora hemos analizado la paz en términos personales. La pregunta ha sido: ¿Cómo podemos, como individuos, encontrar la paz que tanto anhelamos? Pero la paz no es solo un asunto personal. Exploremos ahora cómo el hecho de estar estrechamente vinculados a otros puede proporcionarnos un sentido de bienestar, plenitud, éxito y salud; el ideal de la *shalom* bíblica.

En busca de la paz

1. En el *Mago de Oz*, Dorothy y sus amigos casi olvidan su búsqueda al vagar en un campo de amapolas que los ponía a dormir. ¿Cuáles son las cosas en tu propio mundo que te hacen olvidar el propósito que Dios tiene para tu vida?

2. ¿Cómo sería tu vida si estar «cubierto por el polvo» de las pisadas del rabí se convirtiera en tu meta de cada día? (Ver las páginas 88-89).

3. ¿Qué significa tomar la decisión personal de salir de Egipto? Si has tomado esa decisión de salir, ¿alguna vez has sentido la tentación de regresar? Describe cómo.

4. ¿Qué piensas que quiso decir Eugene Peterson cuando dijo: «El arrepentimiento es darnos cuenta de que lo que Dios desea de nosotros y lo que nosotros deseamos de Dios no se va a lograr haciendo las mismas cosa viejas, teniendo los mismos pensamientos viejos»?

5. ¿En qué piensas cuando escuchas la palabra «ley»? ¿Cómo podría cambiar tu respuesta si pensaras en la ley de Dios como barandas de seguridad diseñadas para que puedas andar sin percances en un camino hacia la paz?

6. David Pileggi dice que el regalo de convertirnos en pueblo de Dios requiere «mantenimiento». ¿Qué tipo de mantenimiento requiere tu vida con Dios?

CAPÍTULO SEIS

CONECTAR
PUNTOS Y PERSONAS

¿Alguna vez has mirado un dibujo de «une los puntos» antes de que se hayan dibujados las líneas entre los puntos? Al principio solo se ve un montón de puntos en una página. Pero una vez que comienzas a trazar las líneas, aparece de forma mágica un dibujo. Sin embargo, si dejas de unir uno o dos puntos, la figura parece quedar mal. Así sucede con la paz. Puedes hacer muchas cosas bien y a pesar de ello no disfrutar la paz que Dios promete si no conectas todos los puntos. Uno de ellos es el que yo llamo la paz de pertenecer.

Cuando llegué a China para adoptar a mi primera hija, me sorprendí al ver cuántos de los bebés que se daban en adopción sufrían de plagiocefalia posicional. Ese es el término elegante para el aplastamiento de la cabeza. Los trabajadores de adopción explicaron que eso a menudo sucede cuando los niños pasan la mayor parte del tiempo acostados boca arriba en sus cunas. Debido a la falta de personas que los cuiden, la mayoría de los niños tiene poca estimulación y presentan meses de atraso en su desarrollo. Algunos niños que casi llegaban al año no podían sentarse, pararse, o siquiera sostener sus cabezas.

Aunque mi hija de nueve meses no sufría de esta condición, recuerdo mi perplejidad cuando respondió con total indiferencia a todos los maravillosos juguetes que le había traído de los Estados Unidos. No estaba interesada en los sonajeros de colores, en los bien formados juguetes de goma, ni aun en la pequeña pelota suave, tan perfecta para que los niños la aprieten con sus manos. No me demoré mucho en comprender que ella nunca había visto juguetes. Todo era nuevo para ella y no sabía cómo responder.

Dos años más tarde, cuando adopté a la más pequeña, me invitaron a recorrer su orfanato. En una habitación estaban los niños pequeños en dos filas, cada fila de ocho niños. Cada uno estaba sentado en un andador recién estrenado. Pero los niños no iban a ningún lado. Sus pequeñas piernas tan solo colgaban de sus andadores porque no tenían la fortaleza suficiente para moverlos. Una niña al final de la fila estaba con sus manos extendidas y llorando. Era lenguaje infantil chino, pero todos en la habitación sabíamos bien lo que estaba diciendo. «¡Alguien, cualquiera, por favor, que me tome y me lleve a casa con él!».

Poco después que la Europa Oriental comenzara a abrirse a la occidental, una joven huérfana rumana de nombre Tara conmocionó a los trabajadores de un equipo de socorro. Su cuerpo esquelético se tambaleaba de manera inestable sobre sus dos menudas piernas. Era tan pequeña que parecía una niña de tres años en lugar de los siete que tenía. Como los otros niños en el orfanato, Tara había pasado la mayor parte de su vida en una cuna. Y como ellos, su crecimiento se había atrofiado de manera severa. Determinados a ayudar, los del equipo de ayuda comenzaron con lo obvio. Se aseguraron de que los niños comieran bien. Luego añadieron un elemento sorpresivo a su régimen. Cada niño comenzó a recibir masajes de forma regular. Al principio, Tara y los demás hacían muecas de dolor, ya que veían el contacto físico como algo doloroso y difícil de soportar. Pero con el tiempo comenzaron a crecer.

Luego de algunos meses, Tara ya tenía fuerza suficiente para correr por toda la habitación sin caerse. La psicóloga Tiffany Field cuenta la historia de Tara en *Touch* [Tacto], un libro acerca de los beneficios del contacto físico con fines terapéuticos.

Historias como estas destacan nuestra necesidad fundamental como humanos de relacionarnos. Se nos ha diseñado para estar conectados. Si esto nos falta, nuestra salud física, mental, emocional y espiritual puede atrofiarse.

Hace algunos años tuve la oportunidad de abandonar mis raíces del medio oeste al mudarme al soleado estado de Arizona. Feliz de escapar de las impenetrables nubes del invierno en Michigan, me encantaba despertar cada día con el brillante cielo azul. Solo había un problema. Casi no había sentido de comunidad en mi vecindario. Casas con imitación de estucado, techos de tejas rojas, garajes a un lado y patios con cerca de concreto para una total privacidad. La mayoría de las personas tan solo conducían hasta el interior de sus garajes, cerraban la puerta detrás de ellos y entraban a su propio mundo, donde permanecían hasta que llegaba el momento de ir a otro lugar, por lo general en auto. No se veían los amplios espacios abiertos de los vecindarios donde los niños pueden deambular con libertad y los vecinos tienen la posibilidad de interactuar. El diseño de mi vecindario decía mucho del énfasis desmedido de nuestra cultura en la privacidad y el individualismo, valores que pueden actuar en contra de nuestro sentido de pertenencia y de origen.

Al fin y al cabo me mudé de regreso a Michigan, a un vecindario con calles bordeadas de árboles y casas antiguas, a un lugar que reclama tener el desfile más antiguo e ininterrumpido por el 4 de julio en todo el estado. Cada año las personas se ubican a lo largo de las calles para observar el desfile de Hollyhock, que se completa con una banda del vecindario, los políticos lanzando caramelos, carrozas hechas en casa y niños montando bicicletas decoradas en rojo, blanco y azul. Las búsqueda de los huevos de Pascua y las frecuentes reuniones de vecinos en diferentes casas hacen que te sientas como transportado a los años cincuenta. Este es un lugar donde las personas tienen un sentido de pertenencia. Es por eso que me mudé aquí.

Sin un sentido de pertenencia, nos quedamos aislados y solitarios, tratando de vivir sin una red de amigos y familiares cercanos. No es de extrañar que experimentemos la vida con tanto estrés y nos sea difícil sentir la paz de Dios. Aunque la Madre Teresa pasó gran parte de su vida supliendo las necesidades de los más pobres en la India, ella identificó la soledad como la forma más terrible de pobreza que existe. Y la soledad está proliferando en el mundo desarrollado. La compasión de esta gran mujer se extendió no solo a los pobres, sino también a los ricos que tenían todas las cosas menos la que tanto necesitaban: Un sentimiento de pertenencia.

Cuando se produjo la furia de las bicicletas a principios del siglo veinte, al menos un grupo de personas decidió no incorporarse. Los amish las prohibieron porque temían que las bicicletas los llevarían muy lejos de casa. Por extraño que nos parezca, al menos estaban pensando en la dinámica de la vida en comunidad. Lo que ayudaría y lo que estorbaría a la comunidad, esa era su principal preocupación. Cuando llegaron las motocicletas, expresaron preocupaciones similares. Así que los obispos amish convocaron a una reunión para decidir si prohibirlas o no. Pero en la votación, se rechazó la prohibición. ¡Tal vez en la votación tuvo algo que ver el hecho de que todos los obispos llegaron a la reunión en motocicletas!

Los amish son expertos en lo relacionado con la comunidad. Como promedio, una abuela amish llega a tener unos cincuenta nietos, mientras que una persona amish promedio tiene más de setenta y cincos primos hermanos. Además, estudios han mostrado que un miembro de la Antigua Orden de los amish sufre de depresión severa en índices que varían desde un quinto hasta un décimo de la población general en los Estados Unidos. A pesar de una dieta rica en salsas, comida frita, pastel de carne y dulces azucarados, los amish también tienen índices más bajos de enfermedades cardíacas que el norteamericano promedio. Algunos de estos descubrimientos pueden estar vinculados a su estilo de vida, que se fundamenta en el trabajo manual. Pero quizás la buena salud de los amish pueda también atribuirse al hecho de que viven en comunidades muy unidas. Si la sanidad y la salud son aspectos de la *shalom* bíblica, parece que los amish andan detrás de algo.

La investigación muestra que mientras más relaciones sociales tengas, más probabilidades tienes de vivir más. Las personas con menos relaciones son dos veces más propensas a morir que aquellas con más conexiones sociales. De igual manera, las personas que tienen su cónyuge poseen una expectativa de vida mayor que las que no. El inconveniente, sin embargo, es que cuando pierden su cónyuge, el riego de morir se incrementa.

Más allá de nuestra necesidad básica de estar en comunidad, tenemos una necesidad esencial de pertenecer a una comunidad espiritual, ser parte de un grupo de personas comprometidas a vivir juntas su fe. Gilbert Bilezikian, profesor emérito de estudios bíblicos en Wheaton College, señala que nuestra necesidad de estar en comunidad proviene del hecho de que el propio Dios es una comunidad. Como alguien ha dicho, el Padre es el Amante, el Hijo es el Amado, y el Espíritu es el Amor entre ellos. No es de extrañar que Dios no creara tan solo individuos, sino una comunidad.

Pero no estamos viviendo en el mundo perfecto de Dios. El pecado lo ha dañado, rompiendo nuestra relación con Dios, con otros y hasta con nosotros mismos. Bilezikian señala que la cruz de Cristo es lo único capaz de restaurar el tipo de comunidad que Dios planeó para nosotros. «La misma forma de la cruz», dice, «sugiere las dos principales transacciones que se efectuaron por medio de ella. El poste vertical apunta a la restauración de nuestra comunidad con Dios. Pero el tronco vertical por sí solo no forma una cruz; esta requiere también de una barra transversal. Los brazos de Jesús se estiraron en esa viga horizontal, con sus manos de siervo clavadas a ella. Sus brazos extendidos alcanzan desde esa barra transversal a todo el que quiere reconciliación con Dios para que podamos también estar reconciliados unos con otros, formando un cuerpo en su abrazo de amor».

«La comunidad perfecta», Bilezikian continúa diciendo, «debe encontrarse en la intersección de esos dos segmentos de la cruz, donde aquellos a quienes Dios ha reconciliado consigo, se reconcilian unos con otros; donde amamos a Dios con todo lo que tenemos y amamos a nuestro prójimo como a nosotros mismos». Quita la viga horizontal y la cruz colapsa.

Así que fuimos creados para pertenecer; pertenecer a Dios y pertenecer a otros que, como nosotros, han descubierto el poder salvador de la cruz. Con su muerte y resurrección, Jesús restaura la *shalom*, derrotando el poder del pecado para robarnos todo lo que Dios tiene planeado darnos. El autor Kelly Kapec señala que el Catecismo de Heidelberg plantea una pregunta que todos tenemos que hacernos: *¿Cuál es tu único consuelo en la vida y en la muerte?* ¿La respuesta? *Que pertenezco —cuerpo y alma, en la vida y en la muerte— no a mí mismo, sino a mi fiel Salvador, Jesucristo.*

Sin embargo, como señala Kapec, aquellos que viven en el acaudalado occidente pudieran encontrar la noción de pertenecer a Dios un poco insultante. No nos gusta la idea de ser el esclavo de alguien o el siervo de alguien. Cuando la vida es desafiante, es bueno pensar que nos encontramos cerca de un Dios grande, muy grande. Pero, ¿qué pasa cuando Dios demanda algo de nosotros, cuando nos pide que hagamos real nuestra rendición a través de nuestra obediencia?

Muchos de nosotros nos definimos a nosotros mismos por lo que poseemos: un buen trabajo, una esposa trofeo (o esposo), una gran casa, hijos exitosos. Estas cosas les dicen a otros quiénes somos... o eso creemos. Pero Kapec señala que: «Nuestro sentido del ser puede llegar a estar tan mezclado con la idea de que nos pertenecemos que el concepto de pertenecer a otro, incluyendo a Dios, parece una amenaza y no una esperanza. Temerosos de dar, nos asimos cada vez con más fuerza... y nos aferramos a la impresión de que somos los dueños de nuestros cuerpos, nuestro dinero, nuestras ideas, nuestro tiempo, nuestras propiedades, y todas las demás cosas a las que podemos poner una etiqueta con nuestro nombre». Somos como esas cómicas gaviotas en la película *Buscando a Nemo,* siempre graznando: «Mío, Mío, Mío, Mío».

Entregarnos a nosotros mismos, abandonando nuestro derecho a la autodeterminación, puede resultar aterrador. Pero sería trágico permitir que ese miedo controle nuestro destino, impidiéndonos experimentar el tipo de felicidad más grande que hay. Porque solo la unión con Dios puede satisfacer el hambre que él ha puesto dentro de nosotros. Como proclama el Salmo 100:3: «Reconozcan que el Señor es Dios; él nos hizo, y somos suyos». Y como dice Pablo: «Así pues, sea que vivamos o que muramos, del Señor somos» (Romanos 14:8). Pertenecer a Cristo y a su pueblo nos da un sentido de pertenencia, una seguridad de que él nos ha encontrado, aunque una vez estuvimos perdidos. Encontramos paz porque ya no somos huérfanos. Pertenecemos a la familia de Dios aunque esta familia en la tierra sigue teniendo muchos problemas.

Si fueras a dedicar tiempo a leer toda la Biblia, descubrirías que no es en primer lugar un libro sobre cómo Dios se relaciona con individuos, sino sobre cómo se relaciona con su pueblo. Hasta sus tratos con figuras del Antiguo Testamento como Abraham,

Moisés, Débora y David siempre tienen una dimensión comunitaria para ellos porque eran los líderes a través de los cuales Dios estaba obrando para bendecir, corregir y guiar a su pueblo.

En contraste, nuestra lista de éxitos de librería en temas religiosos está llena de libros que contradicen esta tendencia bíblica. Más bien promueven la realización espiritual individual excluyendo todo lo demás. Pero selecciona cualquier libro de promesas de la Biblia, examina el contexto en que se dio cada una de las promesas, y en noventa y nueve de cada cien verás que Dios dio estas promesas a su pueblo como un todo, no a individuos. Si vas a vivir una vida de bendición y realización, una vida de *shalom* bíblica, no puedes hacerlo por ti mismo, sino solo dentro del contexto de la comunidad cristiana.

Comunidad significa un lugar donde recibimos sanidad y fortaleza, donde podemos experimentar misericordia y perdón al encontrarnos con otros que, como nosotros, desean crecer y ser como Cristo. La comunidad es también un lugar para descubrir nuestros dones de manera que podamos ser útiles para los propósitos de Dios. Junto a los demás, podemos lograr un impacto en el mundo. Sin comunidad, es más fácil que nos arrastren los deseos que definen a la mayoría de las personas.

La atracción del dinero, el sexo y el poder y sus males asociados puede ser difícil de resistir. Sin hermanos y hermanas que nos recuerden para qué vivimos, podemos perder de vista el reino que Dios está edificando, olvidando que se nos ha llamado para juntos hacer su obra.

Durante los últimos años, he tenido el placer de reunirme cada semana con un pequeño grupo de amigas cristianas que están determinadas a apoyarse unas a otras en su vida con Cristo. Este es un lugar donde puedo hablar de mis temores y luchas sin miedo a que me rechacen. Cuando me siento débil, recibo el aliento de su fuerza. Parafraseando las palabras de Dietrich Bonhoeffer, hay momentos en los que el Cristo en mi corazón es más débil que la palabra en el corazón de mis hermanas. Mi corazón está indeciso mientras el de ellas está seguro. Por el contrario, hay momentos en los que mi fortaleza es de ayuda para ellas.

Uno de los compromisos que compartimos implica la oración. Por lo general las listas son grandes: un vecino que está muriendo, un amigo que necesita mucho un trabajo, una persona que está muy atribulada. Después que hacemos nuestras listas, las llevamos a casa y oramos por ellas durante toda la semana. La última semana decidimos hacer algo diferente. Cada mujer comunicó sus peticiones y entonces todas en el grupo oramos por ella. En la medida que cada persona oraba, podías sentir a Dios hablando. Si una de nosotras hubiera faltado, se habría perdido algo importante en nuestra oración. Parecía como si el Espíritu Santo estuviera usando nuestras diferentes voces para expresar el corazón de Dios de manera más plena a esa persona.

Una de las muchas cosas que la comunidad nos enseña, observa Parker Palmer, es que «nuestra comprensión de la verdad es frágil e incompleta, y necesitamos muchos oídos para escuchar la plenitud de la Palabra de Dios para nuestra vida».

Se cuenta una historia sobre una iglesia de un pequeño pueblo que había construido un hombre adinerado. Al recorrer el edificio ya terminado, las personas del pueblo expresaron su regocijo por la nueva iglesia. Los vidrios de colores, el trabajo sobre piedra, la madera; todo se había realizado con gran belleza. Sin embargo, faltaba algo esencial. Cuando alguien preguntó por qué la iglesia no tenía iluminación, el hombre que la construyó dio instrucciones a cada familia, dándole una lámpara a cada una: «Traigan esta lámpara cada vez que vengan a la iglesia y cuélguenla en el extremo del banco. Cuando ustedes estén allí, la iglesia estará llena de luz. Cuando ustedes estén ausentes, estará oscura». Como la iglesia de este pueblo, nuestras propias iglesias deben ser lugares donde pueda brillar la luz de Cristo, donde la comunidad pueda prosperar, y donde las personas de cada raza, tribu y lengua puedan conocer la paz que viene de pertenecer a Dios y a su pueblo.

El Nuevo Testamento nos dice que unidos a Cristo somos miembros de su cuerpo. Juntos, somos sus ojos, sus oídos, sus manos, su voz. Las personas ven a Cristo en nosotros o no lo ven. Juntos lo hacemos visible y audible, una presencia tangible en un mundo que muere por conocerlo.

Tal vez tú ya has tratado con una iglesia y no has encontrado en ella nada como el tipo de comunidad que he estado describiendo. Tu iglesia puede verse como de mente estrecha, disfuncional o torpe. Hace poco, una autora de gran éxito de ventas cuya conversión al cristianismo provocó conmoción hace algunos años hizo la siguiente afirmación en su página en Facebook: «Hoy dejo de ser cristiana. Estoy fuera». Anne Rice se sintió hastiada de algunas de las posiciones públicas que asumió su iglesia. Más tarde ella trató de explicar que aún se consideraba una seguidora de Cristo, pero que no quería tener nada que ver con la iglesia institucional, que ella veía como falta de amor y diferente a Cristo.

Es cierto que la iglesia a lo largo de su historia muchas veces ha tropezado, algunas veces de manera terrible, pero esa no es toda la historia. En su larga historia, la iglesia también ha levantado a los pobres y ha traído sanidad a los enfermos y redención a los perdidos. Donde ha habido profundas tinieblas, muchas veces se ha producido gran luz. Ya sea que Rice esté ofreciendo una necesaria corrección a la iglesia o tan solo sacando partido de sus convicciones políticas, todo es cuestionable. Pero actuar como si uno pudiera seguir siendo cristiano al tiempo que «deja el cristianismo» parece algo poco sincero. Le guste a uno o no, la iglesia está compuesta de seres humanos imperfectos. Todavía no somos lo que Jesús nos mandó a ser. Eso es cierto para la persona que rechaza la iglesia y también para quien la abraza. Es por eso que Dios inventó el perdón. Es por eso que él piensa que la misericordia es una buena idea.

En su libro clásico *Life Together* [Vida en comunidad], Dietrich Bonhoeffer señalaba que se nos ha llamado a orar los unos por los otros. Cuando tú oras por alguien, dice él, ya no puedes condenarlo sin importar cuánto te disguste. ¿Por qué? Porque Cristo está obrando cuando oras, transformando una persona intolerable en alguien por quien él murió. La oración por otros nos ayuda a ver la cara de un pecador perdonado... y todos somos pecadores perdonados. Tal vez alguien en la iglesia te ha lastimado mucho. Tal vez te has sentido ofendido por cristianos que parecen estar más preocupados por la corrección política que por el evangelio. O puede que te hayas encontrado con personas que no toleran a nadie que piense de manera diferente a como ellos lo hacen.

Sin importar quién te haya ofendido en la iglesia, trata de orar por ellos. Como dijo Bonhoeffer: «Incluso cuando el pecado y las incomprensiones agobian la vida comunitaria, ¿no sigue siendo el hermano que peca un hermano, con quien yo también permanezco bajo la Palabra de Cristo? ¿No será su pecado una ocasión constante para que dé gracias porque ambos podemos vivir en el amoroso perdón de Dios en Jesucristo? Así que la propia hora de desilusión con mi hermano se convierte en algo en extremo saludable, porque me enseña a fondo que ninguno de nosotros puede vivir por nuestras propias palabras y hechos, sino solo por esa sola Palabra y ese solo Hecho que en realidad nos hace uno: el perdón de pecados en Jesucristo». Bonhoeffer siguió diciendo que el cristiano «debe llevar la carga de un hermano. Debe sufrir y soportar al hermano. Es solo cuando él es una carga que otra persona es en verdad un hermano».

Cuando en realidad pertenecemos a otros, comenzamos a sentirnos seguros de quiénes somos. En paz con nosotros mismos, podemos disfrutar más de la vida. Por ejemplo, algunas veces hago cosas locas o tontas cuando estoy con mis hijas que ni siquiera pensaría en hacer en público. Y ellas hacen lo mismo cuando están conmigo. Además, cuando sientes que perteneces, puedes comenzar a ser más honesto con respecto a tus fracasos. Ya no necesitas pretender que eres mejor de lo que en realidad eres. Santiago nos dice que debemos confesarnos nuestros pecados los unos a los otros. ¿Pero cuántos de nosotros se atreven a hacerlo? Pudieras poner objeción, diciendo que no hay necesidad de confesarle tus pecados a otro ser humano si ya se los has confesado a Dios.

Pero tal vez hay algo más que hace la confesión difícil. La mayoría de nosotros tiene miedo al rechazo y la humillación. Pensamos que las personas nos despreciarán si conocen nuestras cosas malas.

No estoy sugiriendo que le confieses tus pecados a todo el mundo. Pero si confías en uno o dos cristianos maduros que han llegado a comprender el evangelio y su propia gran necesidad de la gracia, no necesitas temer. Puedes comenzar con algo pequeño y ver cómo reacciona la persona. Se necesita tiempo para edificar la confianza. Entonces, en la medida en que la relación se desarrolla, pues revelarle más de tus luchas. Cuando te confiesas con una persona que es madura en Cristo, tienes poco que temer y mucho que ganar.

¿Has recibido alguna vez algún medicamento y te has sorprendido al leer todas las advertencias que vienen con él? Después de leer la hoja de información de la medicina, te preguntarías si debieras o no tomarla. Si el pecado viniera junto con su información, este sería el aviso impreso en grandes letras rojas: ADVERTENCIA: LOS ENSAYOS CLÍNICOS HAN DEMOSTRADO QUE EL PECADO CREA UN PROFUNDO SENTIDO DE AISLAMIENTO. SI SE TOMA DE FORMA REGULAR CONDUCIRÁ A SEVERO DESCAECIMIENTO Y MUERTE.

El pecado viene con un montón de condiciones. Una de ellas es la capacidad de aislarnos. Nos sentimos separados del amor de Dios, culpables y condenados. ¿Has visto alguna vez un documental de la naturaleza en el que un lobo, un jaguar u algún otro depredador comienza a seguir la pista del rebaño? El depredador busca animales en las afueras del rebaño. El animal más fácil de derribar es el que se ha separado del grupo. Allí están los que servirán de comida. De igual manera, el pecado nos separa de otros creyentes con la esperanza de destruirnos.

La confesión es una protección. Es una medicina que preferiríamos no tomar, pero es la que le quita el poder al diablo, el que quiere devorarnos. En vez de sentirnos condenados, la confesión nos permite experimentar el amor y la misericordia de Dios por medio de nuestros hermanos y nuestras hermanas. Otro ser humano conoce lo peor de nosotros y a pesar de ello sigue amándonos. Esa persona manifiesta el amor de Cristo por nosotros.

Una vez más, Bonhoeffer tenía excelentes ideas sobre cómo la confesión puede abrirse paso a través de nuestro asilamiento. ¿Por qué es, preguntaba él, que nos resulta más fácil confesarle nuestros pecados a un Dios santo que a otro ser humano? Recuerda que el pecado es el enemigo implacable de Dios. Dios lo odia porque sabe que el pecado destruye la *shalom*. Distorsiona el mundo que él ha creado, impidiendo que experimentemos la paz que él promete. Tal vez, escribió Bonhoeffer, nos hemos estado engañando a nosotros mismos con respecto a la confesión a Dios y el recibir su perdón. Tal vez es por esto que seguimos violando sus mandamientos, cometiendo los mismos pecados antiguos una y otra vez. Quizás es por esto que nuestra fe es débil. Tal vez solo hemos estado «confesándonos nuestros pecados a nosotros mismos y también concediéndonos a nosotros mismos la absolución... El perdonarnos a nosotros mismos nunca conducirá a una ruptura con el pecado; esto solo se puede lograr por medio del juicio y el perdón de la propia Palabra de Dios... ¿Quién puede darnos la seguridad de que, en la confesión y el perdón de nuestros pecados, no estamos tratando con nosotros mismos en lugar de con el Dios viviente? Dios nos da esa seguridad a través de nuestro hermano. Nuestro hermano rompe el círculo de autoengaño».

Es probable que las palabras de Bonhoeffer no sean del agrado de todos, pero es difícil contender con la instrucción que dio Santiago a los primeros cristianos. «¿Está afligido alguno entre ustedes? Que ore. ¿Está alguno de buen ánimo? Que cante alabanzas. ¿Está enfermo alguno de ustedes? Haga llamar a los ancianos de la iglesia para que oren por él y lo unjan con aceite en el nombre del Señor. La oración de fe sanará al enfermo y el Señor lo levantará. Y si ha pecado, su pecado se le perdonará. Por eso, confiésense unos a otros sus pecados, y oren unos por otros, para que sean sanados. La oración del justo es poderosa y eficaz» (Santiago 5:13-16).

La comunidad debe ser un lugar para sanidad y restauración, un lugar donde podamos tomarnos juntos del brazo y vivir nuestra fe. Proverbios 17:17 nos dice: «En todo tiempo ama el amigo; para ayudar en la adversidad nació el hermano». Todos nosotros encontraremos momentos de adversidad. Es mi deseo que cada uno encuentre los amigos que necesitamos para permanecer firmes cuando la vida es difícil, y que podamos también ser amigos así para otros.

Ninguna iglesia es perfecta, pero pertenecer a una comunidad de personas que aman con sinceridad a Cristo es un regalo tremendo. Si aún no has tenido esa experiencia, no te rindas. Sigue buscando, pidiéndole al Señor que te ayude a encontrar un lugar así de manera que puedas experimentar más de la paz que él promete.

¿Recuerdas la ilustración de unir los puntos con la que comencé este capítulo? Uno de los puntos con el que todavía hace falta trabajar tiene que ver con nuestra pasión por las cosas. ¿Podrá ser que nuestro deseo de tener más esté impidiéndonos experimentar la paz que anhelamos? ¿Cómo pudiera la sustracción terminar añadiendo algo esencial a nuestra vida?

EN BUSCA DE LA PAZ

1. ¿Por qué piensas que fuimos diseñados para estar conectados? ¿Cómo sería la vida si no lo estuviéramos?

2. Piensa en los momentos más felices de tu vida. ¿Cuáles de ellos involucran a otras personas? ¿Cuáles fueron en soledad?

3. ¿Por qué piensas que la Madre Teresa identificaba la soledad como un tipo de pobreza?

4. ¿Has descubierto una iglesia que sea una viviente comunidad espiritual? De ser así, ¿cuáles son las cosas que la hacen sentir como una comunidad? Si no, ¿qué puedes hacer ya sea para encontrar una comunidad espiritual o para crear una en el lugar donde estás?

5. ¿Algunas vez has tratado de orar por alguien que no te cae bien? De ser así, ¿cuál fue el resultado?

6. ¿Alguna vez le has confesado tus pecados a otra persona? De ser así, ¿cuál fue el resultado? Si no lo has hecho, ¿por qué no?

CAPÍTULO SIETE

LA PAZ
DE LA SENCILLEZ

La mayoría de las personas sabe que Alfred Nobel fue un químico sueco que creó el Premio Nobel de la Paz. Lo que pocas personas saben es que él también inventó la dinamita. Según dice la historia, Nobel una vez leyó su propio obituario en un periódico francés, que se imprimió por error luego de la muerte de su hermano Ludvig. El titular decía: «El mercader de la muerte ha muerto». ¡Qué tremenda experiencia debe haber sido! Después de su muerte su testamento reveló que había dejado la mayor parte de su fortuna al establecimiento de los premios Nobel. Al parecer, Alfred Nobel había decidido darle a su legado una dirección mucho más positiva.

No ocurre a menudo que alguien lea su propio obituario, pero pudiera ser una experiencia saludable. Así que intentemos algo similar. Cierra tus ojos por un momento e imagina el día de tu entierro. Imagínalo con tantos detalles como sea posible, como si estuvieras viéndolo en una pantalla grande de televisión. La familia y los amigos se reúnen alrededor de tu tumba, observan con tristeza mientras las paladas de tierra negra caen con fuerza sobre tu féretro. Tu vida ha terminado. No hay más oportunidades. No más volver a intentar. Se acabó. Ahora imagina que los obreros están poniendo la lápida en su lugar. ¿Qué dicen las palabras allí grabadas? Tu nombre y la fecha de tu nacimiento y muerte, ¿pero qué más? ¿Qué tal si dijera: «Aquí yace una persona sumamente rica, el cadáver más rico de todo el cementerio»? ¿Estarías orgulloso?

Por supuesto que no. Nadie quiere que su vida quede reducida a los bienes materiales que acumuló durante el transcurso de esta. Eso no es un gran legado.

No son solo los ricos quienes se encuentran amarrados a la búsqueda de hacer dinero. Recuerdo una vieja canción de Tennessee Ernie Ford que se me quedó pegada en la cabeza cuando era pequeña. Su voz grave cantaba a gritos la letra de una canción de mineros que hablaba de un hombre que trabajaba como loco y todavía le debía su alma al economato. Yo no sabía lo que era un economato, pero capté el mensaje. Uno podía trabajar hasta la muerte y no obstante ser esclavo del dinero, en este caso un dinero que uno no tenía.

Linda Dillow comenta sobre cómo el Catálogo de Sears, inventado a finales del siglo diecinueve, ayudó a transformar a los Estados Unidos en una sociedad de consumo. Su madre le contó una vez cuánto le alegraba recibir una muñeca o una naranja en Navidad. Pero cuando comenzó a llegar el Catálogo de Sears, todo cambió. De repente ella se dio cuenta de todas las cosas maravillosas que se había estado perdiendo.

Hace varios años los tabloides estaban llenos de historias sobre la costumbre de gastar que tenía Elton John. En un lapso de veinte meses se decía que el cantante había gastado cuatrocientos ochenta y seis mil dólares en flores. Cuando le pidieron que corroborara esa cifra, Sir Elton sencillamente contestó: «Sí, a mí me gustan las flores». Unos pocos años después un John Travolta sonriente apareció con su esposa en la portada de la revista *Architectural*

Digest. Su casa en Florida ostentaba dos pabellones para aviones, una pista de aterrizaje de dos mil doscientos ochenta y seis metros y una pista de rodaje lo suficientemente fuerte como para soportar el peso de su jet 707 de cuarenta y un metros de largo. «Travolta, siempre ha estado locamente enamorado de volar», explicaba alegremente el escritor.

Es fácil vilipendiar a los ricos y famosos por sus desafueros legendarios; pero en honor a la verdad, me encantó echarle un vistazo al mundo privado de Travolta. De hecho, yo era una adicta a la revista *Architectural Digest,* lo que explica por qué sé de su casa con aeropuerto en Florida. Cada mes los primorosos artículos a cuatro colores me cautivaban, me transformaban en una mirona que admiraba los diseños despampanantes que podían sufragar los sumamente ricos. Pero mientras más leía, más incómoda me sentía. ¿Cómo podía seguir celebrando estilos de vida tan derrochadores cuando tantas personas en el mundo carecen incluso de las necesidades básicas? Comencé a preguntarme si acaso yo no era una mini Elton John o una pequeña John Travolta. La única diferencia entre ellos y yo era que yo nunca había tenido la oportunidad de vivir mis fantasías como ellos. Cancelé mi suscripción.

Se ha culpado a los banqueros avariciosos y a la política del gobierno por la burbuja de la vivienda que originó lo que ha sido llamado como «La gran recesión». Pero tal vez ellos no son los únicos culpables. Un artículo del *Wall Street Journal* culpa directamente a la televisión. «La cadena de televisión por cable HGTV es el verdadero villano del derrumbe económico», acusa el artículo. «A medida que la televidencia alcanzó la masa crítica en la última década —HGTV ahora se transmite a noventa y un millones de hogares— los propietarios de casas comenzaron a experimentar una gran angustia. De repente solo los más descuidados y faltos de aspiraciones estaban contentos con su casa. No importaba si uno vivía en un apartamento o en una comunidad residencial cerrada, solo se veía un episodio de «House Hunters» [Cazadores de casas] o de «What's My House Worth?» [¿Cuánto vale mi casa?] y uno quedaba convencido de que necesitaba más. Más pies cuadrados. Más granito. Más electrodomésticos de acero inoxidable. Más jardines. Más habitaciones para entretenimiento. Más estilo. Uno se lo merece.

«Si uno tenía alguna duda de su capacidad para sufragar tales lujos, lo único que tenía que hacer era mirar a la pareja de veintitantos años en el último episodio que escoge entre tres casas. ¿Se debía quedar con la que necesitaba reparaciones valorada en $425,000? ¿O con la que tenía la piscina por $550,000? ¿Y qué tal la que tiene espacio para construir por $675,000?».

John Bogle, fundador de la exitosa firma de inversiones Vanguard Group, es el autor de un libro titulado *Enough: True Measures of Money, Business, and Life* [Suficiente: Las verdaderas medidas del dinero, el negocio y la vida]. En este él cuenta la historia de un encuentro entre Kurt Vonnegut y Joseph Heller que ocurrió en la casa de un gerente de fondos de cobertura en Shelter Island, New York. Durante el transcurso de la fiesta, Vonnegut señaló que su multimillonario anfitrión ganaba más dinero en un día que lo que Heller había ganado en toda una vida con las ventas de su superexitosa novela *Trampa 22*. Heller, impertérrito, respondió que él tenía algo que el gerente de fondos de cobertura nunca podría tener. Cuando Vonnegut preguntó qué podría ser eso, Heller respondió: «La convicción de que tengo suficiente».

¿Pero cómo uno define «suficiente»? Alguien le preguntó una vez a John D. Rockefeller que cuánto dinero era suficiente. ¿Su respuesta? «Solo un poquito más».

En los últimos años algunos se han visto atraídos por la práctica de la sencillez, una disciplina positiva que contrarresta la tendencia a igualar la buena vida con acumular tanto dinero y cosas como sea posible.

El autor Wayne Muller señala que muchos hemos hecho un mal negocio al cambiar nuestro tiempo por dinero. «El problema no es solo que trabajamos demasiado. Se nos paga con la moneda equivocada... Tenemos que buscar, en cambio, un balance de pagos más fértil y sano... parte de nuestra paga en dinero y parte de nuestra paga en tiempo», dice Muller.

«¿Qué tal si expandiéramos nuestra definición de riqueza para incluir cosas que solo crecen con el tiempo: tiempo para caminar en el parque, tiempo para tomar una siesta, tiempo para jugar con los niños, para leer un buen libro, para bailar, para usar nuestra manos en el jardín, para preparar comidas con nuestros amigos, para pintar, para cantar, para meditar, para llevar un diario?», pregunta él.

La prosperidad puede ser un bien peligroso. Es buena cuando las personas salen de la pobreza. Buena cuando tenemos lo que necesitamos. Es bueno experimentar las bendiciones tangibles de Dios en nuestras vidas. No obstante, es fácil en el proceso sucumbir a los deleites de una vida materialista, mediocre y desabrida. Lo que es más, el materialismo nos roba la paz porque nos vuelve ansiosos, frustrados e infelices. Somos como perros que persiguen su cola eternamente, como si persiguiéramos el mejor premio de la vida.

Al comentar sobre cómo la tendencia a la abundancia asfixia nuestra devoción, Philip Yancey señala: «Comenzando por el breve recorrido de Adán y Eva por el Paraíso, la gente ha mostrado una incapacidad para manejar la prosperidad». Tal vez sea por eso que las estrellas del rock y el cine a menudo son parábolas de la autodestrucción. Compara las fotos de Michael Jackson cuando era niño con las de Michael Jackson con cuarenta y tantos años y verás lo que quiero decir.

Chuck Colson pasó siete meses en la cárcel por su papel en el escándalo Watergate. «Por solitaria y humillante que fuera aquella experiencia, nunca la he lamentado», dice. «Estoy de acuerdo sinceramente con Alexander Solzhenitsyn, quien escribió desde un gulag: "Te bendigo, prisión, te bendigo por estar en mi vida, porque allí, acostado en la paja de la prisión podrida me di cuenta de que la meta de la vida no es la prosperidad, como se nos hace creer, sino la madurez del alma humana"». De la misma manera nosotros podemos aprender a estar agradecidos por las dificultades económicas que redirigen nuestras vidas hacia Dios. A veces es necesario que nos quiten algo bueno de nuestras vidas antes de que algo mejor pueda ocupar su lugar.

Permíteme poner un ejemplo. ¿Qué pensarías tú si el presidente de los Estados Unidos le ordenara a un general cinco estrellas que despidiera al noventa y nueve por ciento de su fuerza combativa antes de encontrarse con un enemigo temible en el campo de batalla? Parece loco, ¿verdad? Pero eso fue exactamente lo que Dios le ordenó a Gedeón que hiciera. ¿Recuerdas la escena en la Biblia cuando Gedeón y sus treinta y dos mil hombres estaban listos para atacar a los madianitas? Antes de que pudieran atacar, Dios le dice a Gedeón que tiene demasiados hombres para el trabajo. Así que la fuerza combativa de Gedeón por fin se reduce a una despreciable cifra de trescientos. Con este pequeñito ejército, contra todos los pronósticos, él presenta un plan asombroso para derrotar al enemigo (Jueces 6—8). De la misma manera, Dios a veces nos quita los recursos que pensamos que necesitamos para llevar vidas exitosas. En el caso de los creyentes, el éxito se define no por *lo que* tenemos sino por *quién* tenemos, el Dios que puede hacer mucho más de lo que jamás pudiéramos pedir o imaginar.

La historia de Gedeón es instructiva también por otro motivo. Gedeón, un hombre temeroso cuya valentía se activa por un encuentro con Dios, construyó un altar y lo llamó *Jehová Shalom*, que significa «El Señor es paz». Gedeón encontró paz al seguir al Señor con fidelidad.

Kelly Kapec señala que la mayoría de las personas asocia la historia bíblica de Sodoma y Gomorra con la perversión sexual, pero según el profeta Ezequiel, había otro problema insidioso que contribuyó a la caída de estas ciudades. «Tu hermana Sodoma y sus aldeas pecaron de soberbia, gula, apatía, e indiferencia hacia el pobre y el indigente» (Ezequiel 16:49). ¡Imagina que sobre tu cabeza llueva fuego y azufre porque no le diste nada al pobre!

Pablo le advirtió a Timoteo sobre los peligros de ir tras la riqueza al decirle que «con la verdadera religión se obtienen grandes ganancias, pero sólo si uno está satisfecho con lo que tiene. Porque nada trajimos a este mundo, y nada podemos llevarnos. Así que, si tenemos ropa y comida, contentémonos con eso» (1 Timoteo 6:6-8). Para los oídos del siglo veintiuno, el consejo de Pablo suena radical.

Escucha cómo Jesús instruyó a las multitudes diciendo: «Tus ojos son la lámpara de tu cuerpo. Si tu visión es clara, todo tu ser disfrutará de la luz; pero si está nublada, todo tu ser estará en la oscuridad» (Lucas 11:34). Detrás del texto griego hay una frase idiomática judía que en hebreo es *ayin tovah*, y que significa literalmente «tener un buen ojo». Jesús no estaba hablando de visión 20/20 ni de algún tipo de claridad mental, sino de poder *ver* las necesidades de otros para poder suplirlas. Lo contrario, *ayin ra'ah*, se puede traducir como «tener mal de ojo». Una persona con mal ojo se ciega a las necesidades de otros y se vuelve codiciosa y tacaña. Según Jesús, la generosidad está ligada a la luz mientras que la tacañería trae oscuridad.

Entonces, el objetivo de introducir una mayor sencillez en nuestras vidas no es solo para evitar las trampas de la prosperidad, sino para usar nuestra prosperidad a fin de llevar a cabo la obra de Cristo en el mundo. La sencillez es una disciplina positiva que nos ayuda a resistir la oleada cultural y rediseñar el curso de nuestras vidas para que podamos convertirnos en bendición para otros. Cuando pones tu dinero en el plato de la ofrenda o envías un cheque a una organización caritativa, pudieras estar diciendo que no a unas vacaciones costosas para poder decir que sí a educar niños y alimentar a los hambrientos. En lugar de sencillamente sucumbir ante los valores de una sociedad materialista, y permitir que estos determinen el curso de tu vida, la sencillez te permite mantener un grado de libertad para que puedas responder de manera más ágil a las invitaciones de Dios, cualquiera o dondequiera que sean.

Recuerdo haberme reído de un dibujo animado que muestra a un hombre nadando en el océano. El primer cuadro solo muestra su cabeza, brazos y pies mientras va nadando. El segundo cuadro lo muestra dando tumbos en la arena después que la marea se retira. Lo cómico es que la marea al retirarse muestra que el hombre había estado nadando desnudo. Una economía fuerte que cae en recesión puede hacer algo similar. Puede exponer nuestras vulnerabilidades. Perder el trabajo puede hacer que todas las cosas por las que todavía debemos dinero parezcan una maldición en lugar de una bendición. Incluso si tenemos empleo, pagar nuestras deudas y ocuparnos de todas las cosas puede impedirnos ser tan generosos como nos gustaría ser. También nos puede impedir decir sí a nuevas oportunidades o a un trabajo que nos sentimos llamados a hacer. La sencillez aumenta nuestra flexibilidad y nuestro margen de libertad.

Vivir en una cultura materialista puede hacernos difícil ver cuánto dichos valores se han colado en nuestras propias vidas. Para contrarrestar nuestra ceguera cultural, es aleccionador examinar los valores y las prácticas de personas que han llevado vidas simples de una manera intencional, como los amish y los cuáqueros.

Los amish son famosos por crear proverbios prácticos como el siguiente, que expresan la visión sencilla que moldea sus vidas:

- *El que no tiene dinero es pobre, él que no tiene nada más que dinero es más pobre todavía.*
- *Vivimos de manera sencilla para que otros, sencillamente, puedan vivir.*
- *Agótalo, úsalo hasta gastarlo, haz que sirva, o prescinde de ello.*

Los amish cultivan la sencillez al mantener sus prioridades muy presentes. Por ejemplo, mientras que dos tercios de la tierra de cultivo en Norteamérica están ocupados por fincas de mil acres o más, los campesinos amish por lo general se limitan a ochenta acres cultivables porque ese es el tamaño que una familia puede trabajar usando caballos en lugar de maquinarias pesadas. Su prioridad es preservar y edificar la vida familiar, y lo hacen al establecer límites.

Compara este enfoque con el que han adoptado muchos norteamericanos cuya prosperidad crea un deseo de tener casas más grandes y un apetito que conduce a tener cinturas cada vez mayores. Si vamos a comprender que la paz proviene de la sencillez, tenemos que comenzar a establecer límites en lo que permitimos en nuestras vidas.

Los amish dependen de la tierra y de los ritmos naturales de la naturaleza para que los preserven de la locura que caracteriza a gran parte de la vida moderna. David Kline, un obispo amish de

Ohio, dice que «los lunes por la mañana, si le pregunta a un campesino qué planes tiene para la semana, te mirará como si estuvieras loco. Él sabe que todo depende del tiempo. Me gusta eso de la agricultura. Con el tiempo Dios nos hizo conscientes de nuestras limitaciones».

¿Alguna vez te has preguntado por esos carruajes arcaicos que montan los amish? Suzanne Woods Fisher señala que «los amish nunca pierden el contacto con la tierra, razón por la cual los aros de los carruajes y otros equipos de la finca no deben estar separados de la tierra por un colchón de goma». Además, viajar en carruajes tirados por caballos requiere un paso más pausado. En lugar de hablar por el celular mientras la naturaleza pasa zumbando, uno puede enfocarse en la belleza de un día de verano o en el hechizo de las luciérnagas que titilan en un campo cercano. Al estar cerca de la naturaleza, al respetar el tiempo y los ritmos de las estaciones, los amish creen que pueden estar más fácilmente en contacto con el Dios de la creación.

Otro grupo contracultural, los Shakers, han desaparecido en gran medida. Además de una tradición de excelencia en la fabricación de muebles, nos dejaron la canción clásica «Simple Gifts» [Regalos sencillos], escrita por Elder Joseph en 1848. Esta tonada familiar capta nuestro anhelo por la paz de la sencillez:

Es el regalo de ser sencillo, el regalo de ser libre,
El regalo de estar donde debemos estar,
Y cuando nos encontramos en el lugar correcto,
Será en el valle de amor y deleite.
Cuando se obtiene la verdadera sencillez,
No nos avergonzamos de inclinarnos y doblarnos,
Girar, girar será nuestro deleite,
Hasta que al girar y girar lleguemos a recobrar bien el
*   sentido.*

Si los Shakers tienen razón en que la sencillez es un regalo que puede ayudarnos a recobrar bien el sentido, ¿cómo podemos aceptar la vida sencilla sin alejarnos por completo del mundo que nos rodea? Hace tres años una alumna de posgrado llamada Christina Wall salió en los medios de prensa nacionales por un proyecto de maestría en el que ella se desafiaba a sí misma a vivir durante treinta días solo con la tecnología disponible para alguien de su nivel socioeconómico que viviera en la década de 1950. Para ella eso implicaba no televisión, ni microondas, ni comida rápida, ni cajero automático, ni tarjetas de crédito, ni correo de voz, ni computadora, ni correo electrónico, ni secadora ni lavadora de platos. Además, implicaba mucho tiempo para practicar piano, leer libros, jugar juegos de mesa y volver a encontrarse con amigos. También implicaba dinero en su bolsillo. «No es que yo fuera una "gran gastadora" de dinero antes del proyecto», dijo Wall. «Simplemente caía en lo que llamo la Trampa de Target; es decir, ir a Target para comprar pasta de dientes, y salir de Target, ciento cincuenta dólares después, con tarjetas de felicitación, un jarrón pequeño, medias, cereal y el último libro que hace tiempo estaba por leer... ¡Ay, se me olvidó comprar la pasta dental!». Al tener dinero en efectivo en sus manos, ella prestaba mucha más atención a cómo lo gastaba.

Durante su proyecto, Wall cambió sus hábitos alimenticios y comenzó a buscar recetas desarrolladas antes de 1950. Aunque no podía comer tostada francesa con pollo y guisantes, una receta que desenterró de un viejo número de *Ladies Home Journal,* sí se las arregló para comer de manera más sencilla y para beber algo que ella describió como «el cielo líquido», leche en un frasco de cristal que le proporcionó una lechería local.

Después que el experimento terminó, Wall tomó decisiones en cuanto a qué regresaría de nuevo a su vida y qué dejaría fuera. La tarjeta de crédito regresó, pero el cajero automático se quedó fuera. El teléfono celular quedó en la guantera del auto para emergencias. Lavar los platos a mano ganó porque le resultó útil hacer un poco de trabajo manual de vez en cuando. La televisión quedó limitada a una hora en días alternos. Tocar piano, leer más libros y volver a conectarse con amigos... todas esas cosas se quedaron.

Tal vez un experimento como el de ella no sea práctico para ti, pero pudiera inspirarte a desarrollar uno propio. Prescindir de la televisión o de los teléfonos celulares durante una semana, por ejemplo, pudiera sugerir maneras de simplificar tu vida en el futuro. Examinar más detenidamente los regalos que das en navidad pudiera ayudarte a resistir las locuras por los aparatos que hacen la vida más costosa, dividida y agitada. Fíjate que estoy dando este consejo como una madre que también necesita escucharlo. Como siempre, lo importante a considerar son las prioridades. Si quieres más de la paz de Dios, tienes que buscarla de manera intencionada.

Aunque muchos admiramos a grupos como los amish, no podemos imaginarnos adoptando si quiera la mitad de sus austeridades por amor a una vida más sencilla. Pero una cosa que sí podemos hacer es decidir que nuestros valores se correspondan con nuestro estilo de vida. Eso nos ayudará a resistir la tendencia a dejar que los deseos del mundo determinen nuestro curso. En lugar de acumular deudas para tener lo que queremos, podemos aprender a esperar hasta tener dinero suficiente en el banco. Mientras esperamos, podemos aprender a preguntarle a Dios si las cosas que queremos son siquiera las que él quiere para nosotros.

Antes de la reciente y precipitosa depresión económica, yo prometí de boca para afuera que todo mi dinero le pertenecía a Dios. Sin embargo, la verdad es que gastaba el dinero como si el noventa por ciento (todo menos el diezmo) estuviera completamente bajo mi dirección. Fue solo cuando el dinero escaseó que comencé a aprender que todo lo que tengo le pertenece a Dios. Ahora cuando entra el dinero, lo alabo a él por cada centavo y reconozco que es su dinero para hacer con él lo que él quiera. «¿Cómo debemos usar este dinero, Señor?» se ha convertido en una pregunta que hago muy a menudo. ¿Debo hacer ese viaje de negocios? ¿O será una distracción? ¿Debo enviar a mis hijos a escuelas públicas o privadas? ¿Adónde quieres que vaya mi diezmo? ¿Existen maneras en que pueda ahorrar el dinero para dar más? ¿Debo ahorrar para ponerle un techo nuevo a mi casa o considerar mudarme a una casa más pequeña antes de que haya que reemplazar el techo?

Yo solía suponer que sabía las respuestas a estas y otras preguntas. Ahora sencillamente pregunto. Y por raro que parezca, este cambio de actitud ha producido mayor libertad y paz. Ya no tengo que llevar la carga de sostener por mi cuenta a mi familia. Ahora me doy cuenta de que mi papel es seguir a Dios con fidelidad, y su papel es proveer. El cien por ciento del dinero es suyo, al menos así es como yo lo quiero ver.

Esperar nos cimenta en la realidad. Cuando esperamos, reconocemos que estamos viviendo con ciertas limitaciones naturales. De forma paradójica, también puede capacitarnos porque nos damos cuenta de que tenemos un nivel de poder al escoger cómo queremos vivir. Esperar nos da tiempo para pensar y nos permite resistir la fantasía de los deseos descontrolados. Una regla general pudiera ser posponer por veinticuatro horas cualquier gasto opcional de más de cien dólares. Ese sería un pequeño paso para tomar el control de nuestro deseo de tener más.

Hace unos años, Dave Bruno lanzó en su blog el «Desafío de las cien cosas». La idea era reducir las pertenencias (no las cosas compartidas como mesas de comer) a cien artículos esenciales como una manera de liberarse de la trampa del consumismo norteamericano. Bruno creía que muchos de nosotros estamos «obsesionados con las cosas». Él estaba convencido de que las personas que renuncian a sus cosas por un tiempo nunca querrían regresar a una vida de consumismo interminable. Inspirada por el desafío de Bruno, Tammy Strobel decidió simplificar su vida de manera radical. Ahora ella y su esposo, Logan Smith, un candidato al doctorado en fisiología, viven con el salario anual de ella de veinticuatro mil dólares. Vendieron sus dos autos y viven en un apartamento pequeño de treinta y siete metros cuadrados en Portland, Oregón, y van en bicicleta a la mayoría de los lugares.

Tres años después de comenzar su proyecto de reducción, ya no tienen la carga de treinta mil dólares de deuda. Al principio la madre de Strobel le dijo que estaba loca. Ahora se da cuenta de que su hija de loca no tiene nada, pues ella y su yerno tienen dinero suficiente para viajar y para contribuir a un fondo educacional para sus sobrinos y sobrinas. Ahora que Strobel es escritora por cuenta propia y diseñadora de páginas web en lugar de gerente de proyectos de una firma de inversiones, también tiene más tiempo para pasar al aire libre o trabajar como voluntaria para causas en las que ella cree.

Tengo que confesar que no soy una buena candidata para el «Desafío de las cien cosas», ni tampoco aprecio mucho la idea de vender mi auto y vivir en un apartamento de treinta y siete metros cuadrados. Los más allegados a mí saben que no soy un modelo de sencillez. Pero el ejemplo de Tammy Strobel me inspira a visualizar cuánto más llena de significado y agradable podría ser mi vida mediante una mayor sencillez

Durante más de trescientos cincuenta años los cuáqueros han vivido una especie de espiritualidad a la que llaman «vida simple». La autora Catherine Whitmire explica que la vida simple es *una cuestión de empeño espiritual o un objetivo del corazón*. Los primeros cuáqueros le llamaban a esto «permanecer cerca de las raíces». «Vivir sencillamente», explica Whitmire, «significa adoptar un estilo de vida que evite la acumulación innecesaria de cosas materiales, o a lo que los cuáqueros muchas veces se refieren como "estorbo"».

La fuerza de la sencillez es positiva y no negativa. Vivir de manera sencilla significa dejar más espacio en tu vida para Dios. Así es como un grupo de cuáqueros caracteriza el tipo de vida al que ellos aspiran. «La sencillez exterior es evitar las superfluidades en el vestir, el hablar, la conducta y las posesiones, lo que tiende a oscurecer nuestra visión de la realidad. En el interior, la sencillez es una separación espiritual de las cosas de este mundo como parte del esfuerzo por cumplir con el primer mandamiento: amar a Dios con todo el corazón, la mente y las fuerzas... La sencillez no significa deslustre ni intolerancia, sino que es algo positivo en esencia ya que la capacidad para escoger está en aquel que presta atención a la meta. Por lo tanto, la sencillez es un reconocimiento de todo lo que es útil para vivir como hijos del Dios viviente».

Está claro que se necesita valor y determinación para poner en práctica una disciplina que en esencia es contracultural. La sencillez tiene dimensiones tanto emocionales como psicológicas. En su libro *Freedom of Simplicity* [La libertad de la sencillez], Richard Foster dice que necesitamos negarnos a «vivir más allá de nuestros medios a nivel emocional. En una cultura donde reina el torbellino, necesitamos comprender nuestros límites emocionales. Úlceras, migrañas, tensión nerviosa y un montón de otros síntomas marcan nuestra sobrecarga psíquica. Nos preocupa no vivir más allá de nuestros medios a nivel financiero; ¿por qué hacerlo a nivel emocional?». La verdad es que muchos de nosotros exhibimos el estar ocupados como una placa de honor. Estoy ocupado; por lo tanto, soy importante. O tal vez pensamos que el mundo se vendrá abajo si no estamos presentes para apuntalarlo. Aunque la inactividad pudiera ser el taller del diablo, de seguro que la ocupación deber ser una especialidad suya al crear incontables distracciones para impedir que disfrutemos una vida de paz y significado.

Vivir una vida más sencilla no implica necesariamente tomar decisiones radicales. Recuerdo mi primer viaje a Disneyland. Una de las cosas que más me impresionó fue con cuánta paciencia la gente esperaba en las largas filas. Hasta donde sé, Disney había tomado una simple decisión que marcó toda la diferencia. Para cada atracción turística habían configurado el área de espera con carriles que serpenteaban de un lado a otro. Esto impedía que se formaran embotellamientos de personas y así se reducía la ansiedad. No había necesidad de empujarse para asegurar un puesto en la fila. Las filas también parecían más cortas de lo que eran ya que los carriles a menudo desaparecían dentro de la atracción como tal. Y como la mayoría de las filas avanzaban bastante rápido, uno siempre tenía la sensación de estar avanzando hacia la meta. Ese día aprendí el poder una sola decisión práctica para hacer mejor la vida. Es lo mismo cuando se trata de vivir una vida con más sencillez.

A fin de vivir la vida de manera más sencilla, Richard Foster tomó la decisión de aceptar solo cierto número de invitaciones para hablar en el curso de un año. Una vez que tomó esa decisión, pudo decir que no con paz incluso a la más tentadora de las invitaciones al creer que Dios lo había llamado a limitar el tiempo que viajaba. De la misma manera, podemos en oración examinar nuestras vidas y preguntarnos si podemos tomar unas pocas decisiones prácticas que producirán mayor paz para nosotros mismos y nuestras familias.

Por ejemplo, podríamos decidir restringir nuestros gastos al limitar o eliminar las compras a manera de recreo. O pudiéramos combinar las fuerzas con un vecino para compartir una comida semanal. No tenemos que volvernos cuáqueros ni Shakers para disfrutar una vida de mayor sencillez. Solo necesitamos comenzar a tomar unas pocas decisiones sensibles que obviarán la necesidad de tomar miles de decisiones pequeñas de improviso. La sencillez es un proceso. Y no sucede de la noche a la mañana. Se requiere tiempo para desenrollar una vida construida sobre el consumo, y volver a moldear nuestras vidas con rumbo a una mayor sencillez y una paz más profunda.

Sin dudas que vivir de manera sencilla es tanto un acto de malabarismo como un blanco en movimiento. La sencillez de una persona pudiera muy bien ser la complejidad de otra. Aunque la sencillez pudiera estar en los ojos del que la contempla, los investigadores coinciden en que el dinero sí puede hacerte feliz... hasta un punto. Tener dinero suficiente para satisfacer tus necesidades básicas proporciona una base para la felicidad. Es difícil ser feliz si uno apenas está sobreviviendo. Las nuevas investigaciones muestran que una vez que dichas necesidades están satisfechas, aquello en lo que gastes tu dinero puede determinar cuán feliz te sientes. Por ejemplo, las personas experimentan más felicidad al gastar su dinero en actividades recreativas como vacaciones y conciertos que cuando lo hacen en cosas materiales como muebles y ropa. ¿Por qué? Porque las actividades recreativas a menudo nos conectan con otros. Mientras más y mejores relaciones tengas, más feliz serás. Además, puedes volver a vivir unas vacaciones en tu memoria. Sin embargo, es mucho más difícil revivir un vestido o una mesa de comedor.

Yo alegaría que dar con generosidad también te hace más feliz, en gran parte por la misma razón: te conecta con otros de manera significativa. Los pueblos indígenas del noroeste del Pacífico han guardado esta conexión desde hace mucho, lo que se evidencia en la ceremonia festiva conocida como *potlach*. El objetivo principal de un *potlach* es regalar la riqueza a otros. A diferencia de la cultura moderna occidental, el estatus familiar en estas culturas indígenas no lo determina cuánto uno posea sino cuánto uno regale. ¿Recuerdas la viuda de los evangelios que dio su último centavo para el tesoro del templo? Jesús la honra al decir: «Les aseguro [...] que esta viuda pobre ha echado más que todos los demás. Todos ellos dieron sus ofrendas de lo que les sobraba; pero ella, de su pobreza, echó todo lo que tenía para su sustento» (Lucas 21:3-4). Debido a su generosidad, la cual excede con creces el ideal de sencillez del que estamos tratando en este capítulo, su estatus en el reino de Dios es grande.

El teólogo judío Abraham Heschel señaló que «la libertad interior depende de estar exento del dominio de las cosas así como también del dominio de las personas». Él dice: «Hay muchos que han adquirido un alto grado de libertad política y social, pero solo unos pocos no son esclavos de las cosas. Este es nuestro problema constante: cómo vivir con las personas y permanecer libres, cómo vivir con las cosas y permanecer independientes». Heschel continúa diciendo que cuando los pueblos antiguos querían enfatizar algo en su literatura no usaban letras cursivas ni subrayaban. En lugar de eso repetían. De los Diez Mandamientos, él señala, «solo uno se proclama dos veces, el último: "No codicies [...] No codicies"». Tener menos y querer menos puede ser un camino a la libertad.

Este principio se cumple ya sea que se aplique a las personas, las posesiones o la comida. Al comentar sobre cuán bien se sintió luego de ayunar del azúcar durante dieciocho meses, la popular oradora y escritora Lysa TerKeurst hizo un comentario perspicaz: «Nada sabe tan bien como el sentir paz». Cuando se trata de controlar nuestros deseos y ponerlos bajo la dirección del Espíritu de Dios, todos podemos estar de acuerdo. *Nada sabe tan bien como el sentir paz.*

Cuando la mayoría de nosotros piensa en la sencillez, pensamos en recortar nuestras posesiones materiales. Pero, ¿y si aplicáramos algunos de los principios de la sencillez a la manera en que gastamos nuestro tiempo? ¿Qué pasaría si en lugar de andar corriendo, tratando de meter más y más cosas en el espacio de un solo día, bajáramos la velocidad y nos diéramos a nosotros mismos y a Dios el regalo de nuestro tiempo?

EN BUSCA DE LA PAZ

1. ¿Cómo los reveses económicos han afectado tu actitud hacia las posesiones materiales?
2. ¿Por qué crees que es difícil para la mayoría de nosotros manejar bien la prosperidad?
3. ¿Qué resulta atractivo de adoptar una vida de mayor sencillez? ¿Qué no parece atractivo?
4. Los cuáqueros llaman «estorbo» a la acumulación innecesaria de bienes materiales. Enumera tres cosas materiales en tu vida que te hacen sentir sobrecargado.
5. Richard Foster dice que debemos negarnos a «vivir más allá de nuestros medios a nivel emocional». Considera maneras en que el estar ocupado va en contra de tu sentido de paz.
6. Menciona tres decisiones prácticas que proporcionarán mayor sencillez a tu vida.

CAPÍTULO OCHO

UN RECESO
PARA LOS ADULTOS

Cuando mis hijos eran pequeños, a menudo los ponía en «receso» si se portaban mal. Esta forma relativamente leve de disciplina con frecuencia era recibida con una muestra dramática de resistencia: gemidos fuertes y pies que iban a rastras. Por sus gritos de angustia, cualquiera que escuchara desde afuera pudiera haber llegado a la conclusión de que yo les había mandado a pararse frente a un pelotón de fusilamiento o que saltaran a un hoyo en llamas. ¿Qué tenía de malo, me preguntaba yo, que te mandaran a tu habitación, un lugar que tú habías ayudado a decorar con colores brillantes y donde tenías juguetes y libros para entretenerte? Ojalá alguien me mandara para mi habitación... Me hubiera encantado un receso habitual: un momento para descansar, organizar mis ideas y estar tranquila.

El historiador James Truslow Adams cuenta la historia de un explorador y antropólogo que trabajó con pueblos indígenas en la parte superior del Amazonas. Después de recibir la noticia de que tenía que irse por un tiempo de la selva, el explorador consiguió la ayuda de un jefe local y algunos otros para hacer una exploración de tres días. Su apresurada expedición avanzó mucho en los primeros dos días, pero cuando llegó el momento de levantar el campamento al tercer día, el explorador se sorprendió al ver que los hombres se negaban a moverse. Cuando se le preguntó al jefe el motivo de la demora, explicó: «Están esperando. No pueden moverse más hasta que sus almas estén al día con sus cuerpos».

La historia es muy relevante porque capta el sentido de «confusión» que tanto caracteriza la vida moderna. A pesar de lo que hagamos o decidamos, pareciera que la vida siempre acelera. Vivir a velocidad estelar nos lleva a un modo de vida donde el estrés es endémico. Mientras pasamos nuestros días a toda velocidad, pareciera como si la vida estuviera fuera de control, empujándonos de una actividad a otra. Resulta interesante que el hombre que nos llevó a la historia de los nativos del Amazonas también acuñó la frase «el sueño americano». ¿Será posible que nuestro sueño cultural, a pesar de todo el bien que ha producido, corra el peligro de desviarnos e impedir que muchos disfrutemos de la paz que viene de vivir a tono con la naturaleza y nuestras propias limitaciones? Tal vez nuestra búsqueda tenaz del éxito nos ha hecho como niños que piensan que los recesos solo tienen un objetivo: arruinar su diversión.

John Ortberg cuenta que le pidió a un sabio amigo orientación espiritual luego de que él y su familia se mudaran a Chicago hace varios años. Ese amigo era Dallas Willard. Así es como Ortberg relata su conversación. «Le conté del ritmo de la vida en mi ministerio actual. La iglesia donde sirvo se mueve rápido. También le hablé del ritmo de nuestra vida familiar: estamos en los años de manejar en nuestro auto de un lado a otro: juegos de fútbol, clases de piano, orientaciones escolares. Le dije sobre la actual condición de mi corazón, de la mejor manera que pude discernirla.

—¿Qué debo hacer para estar saludable a nivel espiritual? —le pregunté. Una pausa larga.

—Debes eliminar el apuro de tu vida, sin misericordia —dijo por fin él. Otra larga pausa

—Está bien. Eso ya lo anoté —le dije un poco impaciente—. Eso es bueno, ¿qué más? —Yo tenía muchas cosas que hacer y era una llamada de larga distancia, así que estaba ansioso por acaparar tantas unidades de sabiduría espiritual como pudiera en el menor tiempo posible. Otra larga pausa.

—No hay nada más —dijo él—. Tienes que eliminar el apuro de tu vida, sin misericordia».

Ortberg llegó a la conclusión de que en realidad, el apuro es el enemigo de la salud espiritual, y cita a Carl Jung, quien señaló que «el apuro no viene del diablo. Es el diablo».

Tal vez eso explica por qué nunca he podido deshacerme de uno de mis recuerdos menos queridos. Sucedió cuando estaba en la escuela secundaria. Estaba atrasada para la clase. Después de bajarme del auto y entrar al estacionamiento de la escuela, me fijé en un gorrión que estaba herido en el suelo. Como amo a los animales, mi primer instinto fue recogerlo, acurrucarlo en mis manos e irme derecho a buscar ayuda; pero no quería llegar tarde. Así que contuve el instinto, le pasé por al lado al pajarito y corrí a la escuela. Todavía me siento culpable por esa decisión.

Tal vez has oído hablar del Experimento del Buen Samaritano. Los investigadores del Seminario Princeton dieron instrucciones a varios alumnos del seminario para que caminaran a otro edificio y le dieran una charla a un grupo de alumnos de primer año. A la mitad de los involucrados se les ordenó que hablaran sobre oportunidades de empleo mientras que a los demás se les pidió que hablaran de la parábola del buen samaritano. A los alumnos del seminario también se les dijo una de estas tres cosas. Primera, que tenía unos minutos extra para llegar al lugar de su charla. Segunda, que tenían solo el tiempo justo. Tercera, que ya estaban atrasados y tenían que apurarse.

Mientras los alumnos caminaban uno por uno hacia el edificio donde esperaban dar su charla, se encontraban a un hombre recostado contra la pared que al parecer necesitaba ayuda. Los investigadores se preguntaban si los alumnos con la parábola del buen samaritano en mente serían más propensos a detenerse y ayudar. La verdad perturbadora fue que muchos de estos estudiantes vieron al hombre y solo siguieron caminando. El factor determinante en quién ayudaría y quién no tuvo poco que ver con lo que los estudiantes estaban pensando y mucho con cuán apurados se sentían.

Hace más de cuarenta años, Thomas Merton afirmó que las presiones de la vida moderna pueden convertirse en una forma de violencia y dijo que «permitirse ser arrastrado por una multitud de preocupaciones contradictorias, rendirse a demasiadas exigencias, comprometerse con demasiados proyectos, querer ayudar a todo el mundo en todo, es sucumbir a la violencia... mata la raíz de la sabiduría interior que hace que el trabajo sea fructífero».

Vivir bajo este tipo de presión puede destruir nuestras relaciones, porque la presión busca un escape. Demasiado a menudo explota en forma de irritabilidad y frustración. Choferes que van despacio, niños que pierden tiempo, compañeros de trabajo que necesitan ayuda, un trabajo que toma más tiempo del que pensábamos... todo eso puede convertirse en obstáculos que tenemos que luchar para vencer. En medio del caos nunca retrocedemos para pensar a profundidad sobre nada ni buscamos escuchar la voz de Dios. Bajo tales circunstancias, es difícil que cualquiera florezca.

La poetiza Judy Brown nos recuerda que lo que hace arder un fuego no son solo los leños, sino el espacio entre estos. Sin aire un fuego muere pronto y se reduce a nada. Para usar otra metáfora, sacada del diseño de libros, todos necesitamos crear algunos espacios en blanco en nuestras vidas. Trata de leer una página repleta de

texto. No es una experiencia agradable. El espacio entre las letras
y las líneas, el espacio para dejar margen alrededor del texto... esto
es lo que hace que la lectura sea fácil para la vista. De la misma
manera, demasiadas cosas buenas atiborradas en muy pocos días
destruirán nuestra pasión por la vida, y nos dejará frustrados, cansados y vacíos. Necesitamos tiempo para descansar, para serenar-
nos y para ser renovados.

Hablando de descanso, vayamos por un momento a la Biblia y
a un pueblo que prácticamente desconocía el significado de descanso. Su historia puede darnos visión en nuestra búsqueda de la
paz y el deseo que Dios tiene de proporcionarla. Agobiados por la
mano dura de sus jefes egipcios, los esclavos israelitas clamaron, y
Dios les respondió enviándoles por líder y libertador a un hombre
llamado Moisés, hacedor de milagros y con la lengua trabada. Tres
meses después de salir de Egipto y cruzar el mar rojo, cientos de
miles de aquellos ex esclavos acamparon en el desierto de Sinaí, a
los pies de una gran montaña. Moisés, escuchando el llamado de
Dios, subió a la montaña y recibió lo que desde entonces conocemos como los Diez Mandamientos.

No, no, no... escuchaba Moisés mientras Dios pronunciaba un
torrente de prohibiciones. Estos mandamientos estaban diseñados
para proteger la relación de su pueblo con él, mantenerlos alejados
de los problemas y ayudarlos a prosperar. Vale destacar que solo
dos de los Diez Mandamientos están dichos de manera positiva.
El primero de ellos es: «*Acuérdate del sábado, para consagrarlo. Trabaja seis días, y haz en ellos todo lo que tengas que hacer, pero el
día séptimo será un día de reposo para honrar al Señor tu Dios*».
Aunque la oración siguiente está en negativo: «*No hagas en ese día
ningún trabajo*», la fuerza principal del mandamiento es positiva.

«Acuérdate de que en seis días hizo el SEÑOR *los cielos y la tierra, el mar y todo lo que hay en ellos, y que descansó el séptimo día. Por eso el* SEÑOR *bendijo y consagró el día de reposo»* (Éxodo 20:8-11).

Este mandamiento le dice al pueblo que sea como Dios, que descanse, que consagre el día sábado. Pero, ¿por qué tenía Dios que ordenarles a ex esclavos que se tomaran un día libre? Si los antiguos israelitas hubieran pertenecido a un sindicato, de seguro sus primeras demandas hubieran sido por tiempo libre.

Cualquiera que haya trabajado con niños internados en orfanatos pudiera saber la respuesta a esa pregunta. Algunos de esos niños muestran conductas de acaparamiento en los primeros tiempos después de ser adoptados. No hay abundancia que los convenza de que tendrán lo suficiente para comer y por eso esconden la comida debajo de los colchones, en las gavetas, y donde quiera que puedan meterla.

Una amiga me contó una experiencia que tuvo como maestra en una escuela secundaria del centro del país. La escuela celebraba una recepción para algunos recién llegados un tanto inusuales, varios chicos entre los conocidos como «Los niños perdidos de Sudán», jóvenes que habían sobrevivido a la guerra civil al hacer travesías épicas por un territorio muy peligroso para encontrar la libertad. Deseosos de darles la bienvenida, toda la escuela asistió a la recepción. Abrumados por la atención, los chicos comieron poco, pero cuando todo el mundo se fue, comenzaron a llenarse los bolsillos con tantas galletas como podían. Las privaciones producen una mentalidad de escasez.

De la misma manera los ex esclavos israelitas deben haberse preocupado en lo referente a tomarse un día libre. ¿Cómo podrían proveer para ellos y para sus familias? Se necesitaría un mandamiento divino inscrito en piedra para que trataran al séptimo día de manera diferente a todos los demás y para que confiaran en que el Dios que había hecho los cielos y la tierra en seis días, podría ocuparse de sus necesidades en el séptimo. ¿Y qué pasaría cuando comenzaran a prosperar en la Tierra Prometida? A menos que quisieran padecer de presión arterial alta, arterias bloqueadas y enfermedades coronarias, tendrían que limitar su trabajo, sus afanes y su acumulación en una tierra donde abundaban la leche y la miel.

Observa que en la Biblia el número siete se considera el número de la perfección. Así que cuando las Escrituras dicen que Dios descansó en el séptimo día luego de crear al mundo en seis días, debemos entender que lo hizo no porque estuviera cansado de tanto crear (como si hacer todas esas águilas, monstruos marinos y estrellas le hubieran dejado sin fuerzas), sino para conmemorar el hecho de que todo lo que él había hecho estaba perfecto y completo. Nada estaba roto, doblado ni desordenado. Todo estaba exactamente como debía estar. Así que Dios descansó, algo así como cuando un rey estudia su reino con perfecta satisfacción.

El día de reposo era darles un anticipo del mundo como debía ser, una señal de que aunque la creación se había estropeado y quebrado con el pecado, Dios no había abandonado lo que él mismo había hecho. No, él estaba obrando para restaurar el mundo que él había creado. Para el pueblo judío, el día de reposo era un señal del pacto de Dios con ellos (Éxodo 31:13-17). Celebrarlo era aceptar ese pacto. Ignorarlo era rechazar el pacto.

Al ordenarles a los israelitas que guardaran el sábado, Dios estaba elevando su estatus de esclavos que habían pasado cuatrocientos treinta años en Egipto, a gente libre que ya no tenía que trabajar las veinticuatro horas de los siete días de la semana. Eugene Peterson señala que el «motivo para guardar el sábado es que nuestros ancestros en Egipto pasaron cuatrocientos años sin vacaciones (Deuteronomio 5:15). Ni un solo día libre. La consecuencia: ya no se les consideraba personas sino esclavos. Manos. Unidades de trabajo. No personas creadas a imagen de Dios sino un equipo para fabricar ladrillos. Y para construir pirámides. La humanidad quedó desfigurada». Su yugo era un síntoma más de un universo cautivado por el poder del pecado.

El sábado, sin embargo, es subversivo de la creación caída y del mundo tal y como lo conocemos. ¿Por qué? Porque este anuncia el triunfo de Dios sobre el pecado y la alienación, y todo el dolor que estos implican. Es una promesa que expresa la intención de Dios de restaurar al mundo que él ha hecho. Al celebrar el sábado, los israelitas estaban expresando su fe en Dios y en lo que él estaba haciendo. Como señala Mark Buchanan: «El sábado no es la eternidad, pero se acerca. Es una especie de antesala del cielo. Un sábado bien guardado es un ensayo de las cosas de arriba. Al encontrar el descanso de Dios ahora, nos preparamos para la plenitud de Dios algún día». Qué realidad tan poderosa. No es de extrañar que una de las primeras cosas que hiciera Hitler luego de invadir Polonia fuera prohibirles a los judíos guardar el sábado.

El autor de Hebreos (4:1-11) habla del sábado como un tipo o anuncio del descanso que nos pertenece como pueblo de Dios. Pero en lugar de insistir en que los creyentes guarden el sábado, sencillamente les dice que se esfuercen por entrar en ese reposo (v. 11). Aunque era práctica de los primeros cristianos judíos guardar el sábado, los padres de la iglesia del segundo y tercer siglo enseñaban que el sábado no era obligatorio para los gentiles. No obstante, tenemos mucho que aprender de la práctica judía de guardar el sábado.

El rabino Abraham Joshua Heschel señala que el primer objeto santo en la historia del mundo no fue una montaña ni un altar, sino un día. Él alega que el sábado era algo completamente nuevo. Otras religiones celebraban la sacralidad al designar lugares u objetos como sagrados. Pero «el judaísmo», señala él, «nos enseña que nos apeguemos a la *santidad en el tiempo,* que nos apeguemos a eventos sagrados, que aprendamos cómo consagrar los santuarios que surgen de la enorme corriente de un año. Los sábados son nuestras grandes catedrales, y nuestro Lugar Santísimo es un altar que ni los romanos ni los alemanes pudieron quemar».

Heschel también explica que aunque Dios descansó, los rabinos antiguos hablaban como si Dios hubiera creado algo nuevo en el séptimo día. «Ese algo», dice él, «es *menucha*», la palabra griega que por lo habitual se traduce como «descanso». En el contexto de los pasajes sobre el sábado, el descanso iba mucho más allá de simplemente tomarse el día libre o involucrarse en actividades sin prisa. «Para la percepción bíblica», él continúa, «*menucha* es lo mismo que felicidad y tranquilidad, que paz y armonía... ¿Qué fue creado en el séptimo día?», pregunta él. «*Tranquilidad, serenidad, paz y reposo*». Heschel prosigue diciendo que *menucha* con el tiempo se igualó a la vida futura. «Seis noches por semana oramos: "Cuida nuestra salida y nuestra entrada"; en cambio, en la noche del sábado oramos: "Rodéanos con el toldo de tu paz"». El sábado debe ser como un refugio cálido, un lugar seguro, un día en el que el pueblo judío puede experimentar a Dios rodeándolos con su paz.

Así que el sábado es mucho más que ocio. Un día en la playa puede relajarnos. Un masaje y una visita al spa nos pueden deleitar. Pero estos no constituyen el descanso del sábado. Susannah Heschel, la hija de Abraham Heschel, comenta cómo las noches de los viernes en su casa siempre eran el clímax de su semana, como lo eran para cada familia judía. «El sábado viene con su propia santidad; entramos no simplemente a un día, sino a una atmósfera». Se supone que el sábado sea un anticipo del paraíso, un testimonio de la presencia de Dios, dice ella. Su padre le enseñó que así como estaba prohibido encender un fuego en el sábado, uno no debe encender un fuego de indignación justa. Por ese motivo su familia se limitaba de hablar sobre política, el Holocausto o la guerra de Vietnam en el sábado, y en cambio se enfocaban en temas que ayudaran a crear un sentido de *menucha*. Su padre también le enseñó que el sábado era un día tanto para el cuerpo como para el alma, y que era pecado estar triste ese día.

Sn embargo, la paz del sábado no se materializa como por arte de magia. Lleva trabajo y preparación. En los hogares judíos la preparación a menudo comienza desde principios de semana, porque todo tiene que estar listo antes de que el sol se ponga el viernes, que es cuando comienza el sábado: una comida festiva, una casa limpia, las labores terminadas, comida suficiente para garantizar que no sea necesario cocinar durante las próximas veinticuatro horas. De algún modo esto encaja, ya que el sábado está estrechamente relacionado con el resto de la semana cuyos días se consideran como un peregrinaje hacia el sábado.

Por encantadora que parezca la versión de Heschel del sábado, es muy diferente de mi primer encuentro con él, aunque en una versión cristiana. Recuerdo que visité la casa de mis abuelos un domingo. Para gastar el tiempo antes de la cena, mi hermano, mi hermana y yo decidimos ir puerta por puerta vendiendo suscripciones para una revista y así recaudar fondos para nuestra escuela. No sabíamos que mis abuelos vivían en un vecindario lleno de gente que tomaban el domingo muy en serio. Después de tocar en un par de puertas nos encontramos con una mujer que se escandalizó por nuestra conducta. Nos regañó firmemente: «¡No puedo creer que estén vendiendo revistas un domingo!». Entonces, con un resoplido nos tiró la puerta en la cara. Creíamos que estábamos haciendo algo bueno al recaudar fondos para nuestra escuela. Ahora nos sentíamos como canallas y estafadores, aunque no sabíamos por qué.

Años después, cuando comencé a trabajar en editoriales cristianas, escuché una conversación en la que los colegas se turnaban para contar los domingos de su niñez. La mayoría había crecido en iglesias que guardaban regulaciones estrictas en cuanto a cómo debían pasarse o no los domingos. Como niños a veces se sentían perplejos por las cosas que sí podían hacer y las que no. Muchos llegaban a la conclusión de que el factor variable era «el sudor». Si una actividad te hacía sudar, estaba prohibida. Es asombroso que ninguno de ellos dijera nada sobre experimentar una sensación de sobrecogimiento y paz, como Susannah Heschel había descrito la celebración del sábado en su propia familia.

Para los judíos el problema del legalismo no es extraño. En su deseo fervoroso de guardar los mandamientos de Dios han desarrollado una técnica que implica «poner una cerca alrededor de la ley». Por ejemplo, en lugar de simplemente ayunar durante veinticuatro horas el día de Yom Kippur, ayunan veinticinco horas y así garantizan haber cumplido con la regulación. Pero el problema con levantar cercas es que la vida misma puede comenzar a sentirse encerrada por infinitas reglas y regulaciones.

Aunque no lo creas, una empresa telefónica en Israel ofrece a sus clientes judíos ultra ortodoxos un teléfono kósher. Este útil aparato ha sido configurado para bloquear números para sexo por teléfono y servicios de citas. Además, cobra menos de dos centavos por minuto, en comparación con la tarifa promedio de nueve centavos y medio. Solo tiene una trampa. ¡El sábado las tarifas son de dos dólares y cuarenta y cuatro centavos por minuto! Las personas con estos teléfonos están encerrándose a sí mismas, impidiéndose transgredir el mandamiento de consagrar el sábado.

En su libro *The Rest of God* [El descanso de Dios], Mark Buchanan señala que «durante mucho tiempo el legalismo fue el sabueso que persiguió al sábado, manteniéndolo escuálido y acechado». Sin embargo, para la mayoría de nosotros eso ya no es así, dice él. Ahora el gran asesino del sábado es la ocupación. Buchanan, lamentando el agobio de su propio horario, dice: «No puedo pensar en una sola ventaja que haya obtenido jamás por estar apurado. Pero como consecuencia de todo ese apuro yacen miles de cosas rotas y perdidas, cientos de miles».

Tal vez sea bueno que los cristianos no estén obligados a guardar el sábado como se señala en las escrituras hebreas. Escoger el sábado libremente nos permite experimentarlo con gozo; pero ¿cómo podemos encontrar una manera de saborear la bondad del sábado, o mejor todavía, de incorporarlo a nuestras vidas de manera habitual? Guardar el día de reposo, aunque sea de manera parcial e imperfecta, implicará que tomemos decisiones. ¿Podemos designar un día de la semana, tal vez un sábado o un domingo, o siquiera un día al mes, para celebrar una comida especial de sábado? Si eso parece demasiado difícil, tal vez podemos comenzar por apartar una tarde y una noche.

Andrea Doering es una mujer profesional, esposa y madre que decidió hace unos años comenzar a celebrar un día de descanso con su familia. Ella recuerda lo que provocó esa decisión. Con la mira puesta en sus vacaciones, había trabajado horas extra para asegurarse de que todo estuviera listo antes de salir. Pero cuando llegaron sus vacaciones estaba tan agotada que se enfermó y no se recuperó hasta que regresó a casa. Andrea dice que al menos de esas vacaciones desventuradas salió algo bueno, y fue la comprensión de que el descanso no es algo que se supone que ahorremos. Lo necesitamos cada semana.

Con el anhelo de tener más equilibro en su vida, Andrea decidió que la mejor idea de Dios para el descanso se encuentra en guardar el día de reposo. ¿Qué tal si ella y su familia apartaban un día de la semana para descansar? Al darse cuenta de que su trabajo implicaba que ella vendiera cosas, se dio cuenta de que cada día de la semana actuaba o como vendedora o como consumidora. Así que esa fue la primera cosa que eliminó. No se harían compras en veinticuatro horas. Ni siquiera se permitiría chequear los precios en su sitio web favorito.

Aunque sus hijos pusieron objeciones, ella también decidió que no habría citas para jugar ese día. Al principio se sentía culpable, pero sabía que era muy difícil para ella descansar cada vez que alguno de sus hijos iba a algún lugar. Siempre había arreglos prácticos que hacer, prepararlos, llevarlos o recogerlos.

Otras decisiones incluían cero fiestas de familia en ese día especial y ninguna tarea hogareña. Incluso tuvo cuidado de guardar cualquier recordatorio visual del trabajo, quitando de la vista portafolios y mochilas. Ahora ella y su familia guardan su día de reposo comenzando el viernes por la noche y terminando el sábado en la noche, o comienzan el sábado en la mañana y terminan después del servicio de adoración el domingo.

¿Cómo Andrea lo hace todo durante el resto de la semana? Compra los comestibles el domingo en la tarde y deja el resto de las compras para las noches entre semana. El beneficio inesperado de ese arreglo es que las salidas en las noches de la semana se limitan automáticamente a dos horas o menos por la escuela y el trabajo al día siguiente.

¿Cómo ha reaccionado su familia? Su esposo está completamente de acuerdo. Aunque a sus hijos no siempre les emocionan las limitaciones del día, agradecen tener un día libre para dormir y hacer lo que quieran. Ella dice que apartar un tiempo definido para descansar se ha convertido para ella y para su familia en una declaración de independencia. Ya no son esclavos del consumismo ni del reloj.

Guardar un día de descanso también les ha proporcionado un entendimiento sorprendente. Cuando Andrea quitó las tareas, las compras y las demás responsabilidades que siempre habían definido su vida, se sintió a la deriva, dudosa de cómo pasaría el tiempo. Como madre de niños pequeños, hacía tanto que no tenía tiempo para sí misma que ya ni siquiera podía recordar lo que le gustaba hacer. Así que lo primero era hacer una lista de todo lo que pudiera pensar que le pareciera divertido y disfrutable para su día de descanso. Montar bicicleta, kayak, la jardinería y jugar juntos

—incluso hablar por teléfono con sus hermanas— todas esas cosas habían quedado a un lado por la rutina cotidiana. Ahora tenía tiempo para disfrutarlas otra vez.

Andrea también se sorprendió al observar que la mayoría de sus conversaciones con sus hijos implicaban decirles qué hacer. «Acuérdate del almuerzo». «Recoge la ropa». «Prepárate para la escuela». De pronto no había necesidad para tales instrucciones porque no había nada que ellos *tuvieran* que hacer. Por su parte, sus hijos estaban felices de tener un descanso sabático de que les dijeran todo el tiempo qué hacer. Desde entonces, su madre ha encontrado maneras de enfocar más su conversación en cosas que les interesen a ellos.

Su deseo de equilibrio fue lo que provocó al principio la búsqueda de descanso. Y aunque ni ella ni su familia guardan el sábado como lo haría una familia judía, sus esfuerzos para sacar un día de descanso les han dado una perspectiva sorprendente. Tener tiempo para reflexionar en su vida trajo consigo la comprensión de que a Dios no le interesa tanto el equilibrio como a ella. «El equilibrio dice que todas las cosas debieran ser iguales, pero Dios dice que nada es igual a él», explica Andrea. Esa comprensión le dio a todo su lugar adecuado. Nada podía preceder a su relación con Dios.

¿Alguna vez se ve ella tentada a regresar a la vida de antes ahora que sus hijos son adolescentes? Andrea responde con un no rotundo. Puede ser un desafío no estar en sintonía con el resto del mundo, reconoce ella, pero en su familia han experimentado demasiados beneficios en su día de descanso como para regresar a las viejas costumbres.

Sin importar cómo sea que decidas incorporar más descanso en tu propia vida, puede que te resulte útil observar cómo se guarda el sábado en los hogares judíos. El sábado la mayoría de las personas sirven la mejor comida que pueden comprar. Además se ponen su mejor ropa. A menudo invitan a familiares, amigos y otros que tengan una necesidad especial de ser confortados para que les acompañen. Algunas flores y una casa limpia hacen que la experiencia sea mejor para todos. Como ha señalado Lois Tverberg: «En el judaísmo, el sábado es una verdadera alegría, un deleite, una gran fiesta. Se enfoca en las cosas buenas que Dios *quiere* que la gente disfrute».

Esta es una versión abreviada de lo que pasa en un hogar judío que guarda el sábado. Se colocan dos velas en la mesa junto con una copa de vino o de jugo de uva y dos panes trenzados o *challah* (un pan torcido que puede hornearse o comprarse en una panadería local). Los panes se cubren con un paño o con una servilleta.

Antes de encender las velas todo el mundo, incluso los niños pequeños, dan *tzedakah* (caridad) al colocar algunas monedas en una caja *tzedakah* especial. De esa manera todo el mundo en la mesa puede participar de lo que los rabinos denominan *tikkun olam,* una frase hebrea que significa la «reparación del mundo».

Entonces la mujer de la casa enciente ambas velas y le da la bienvenida al sábado agitando sus manos sobre estas, cerrando sus ojos y orando en hebreo:

Bendito eres tú, Señor nuestro Dios, Rey del universo,
Que nos santificas con tus mandamientos,
Y nos ordenas encender las luces del sábado.

Entonces todo el mundo asiste a un breve servicio nocturno en la sinagoga local, o siguen orando en la casa. En algún momento de la noche es costumbre que el padre (a veces la madre) coloque sus manos sobre las cabezas de sus hijos para hacer una oración de bendición especial sobre ellos.

Luego se dice una bendición llamada *Kiddush* mientras se alza una copa de vino o jugo de uva:

Y fue la noche y la mañana, el sexto día.

Los cielos y la tierra fueron acabados, y todo lo que hay en ellos.

Y en el séptimo día Dios completó la obra que había hecho y descansó en el séptimo día de toda su obra que había hecho.

Y Dios bendijo el séptimo día y lo santificó porque en este él descansó de toda la obra que Dios había creado.

Bendito eres tú, Señor, nuestro Dios, Rey del universo que crea el fruto de la vida (Amén).

Bendito eres tú, Señor, nuestro Dios, Rey del universo que nos santificas con tus mandamientos y que te has agradado de nosotros.

Con amor y disposición nos has dado tu santo sábado como una herencia, en memoria de la creación porque es el primer día de nuestras santas reuniones, en memoria del éxodo de Egipto porque nos has escogido y nos has hechos santos entre todos los pueblos y con toda disposición y amor nos has dado tu santo sábado como herencia.

Bendito eres tú que santificas el sábado (Amén).

Se pasa la copa de vino o jugo alrededor de la mesa y todo el mundo toma un sorbo. Después de eso las personas se lavan las manos derramando agua de una taza, primero sobre la mano derecha y luego sobre la mano izquierda. Se hace otra oración. Entonces el hombre de la casa quita las servilletas que cubren las barras de pan, las levanta y recita esta bendición.

Bendito eres tú, Señor, nuestro Dios, Rey del universo, que traes el pan de la tierra.

Luego arranca un pedazo de pan y pasa la barra para que todo el mundo agarre un pedazo. Entonces comienza la cena. Durante la cena por lo general alguien hace un comentario sobre la porción semanal de la Tora, la lectura de las Escrituras para el servicio matutino del sábado, que todo el mundo ha leído antes de la ceremonia del sábado. Después de la cena hay más oraciones y cantos.

El rabino Joseph Telushkin señala que cuando un padre, una madre, o ambos padres bendicen a sus hijos antes de la comida, a menudo los besan en la frente y le dicen a un hijo: «Que Dios cuide de ti como cuidó de Efraín y de Manasés» (Génesis 48:20), y a una hija: «Que Dios te haga como a Sarah, Rebeca, Raquel y Lea», seguido de: «El Señor te bendiga y te guarde; el Señor te mire con agrado y te extienda su amor; el Señor te muestre su favor y te conceda la paz» (Números 6:24-26). Muchos padres, dice él, añaden una bendición especial para cada hijo.

¿Por qué el padre ora que Dios cuide a sus hijos como a Efraín y Manasés? Telushkin cita al rabino Shlomo, quien dice: «Es precisamente porque Efraín y Manasés se llevaban tan bien que se les menciona, porque la mayoría de los hermanos en la Tora (Caín y Abel, Isaac e Ismael, Jacob y Esaú, José y sus hermanos) no lo hicieron». Cada vez que Telushkin estaba lejos de casa el sábado, llamaba a sus hijos por teléfono para darles la bendición. Al recordar su beso acostumbrado, su hija de seis años se ponía el teléfono contra la frente cuando lo escuchaba recitando la bendición.

Los cristianos a menudo piensan que la adoración solo puede ocurrir en la iglesia, pero para los judíos el hogar es el centro de adoración. La mesa se considera el altar familiar y el hogar es un pequeño santuario donde Dios puede habitar. Las peleas entre los hermanos y los horarios ocupados hacen que sea difícil para ti imaginar que tu mesa pueda convertirse alguna vez en un altar; pero ¿y si comenzaras a verla como tal, tratándola como un lugar especial y enseñando a tus hijos a hacer lo mismo? Debe ser posible. De lo contrario, los judíos que lo hacen hubieran abandonado la práctica hace muchos años.

Los cristianos que quieren celebrar el sábado bien pudieran adaptar la ceremonia judía para su propio uso. En la Internet pueden encontrarse liturgias para el Sabbat mesiánico. Algunos cristianos pudieran preferir celebrar el sábado en la noche hasta la puesta del sol el domingo, recordando que el domingo es un día especial para adorar a Dios y celebrar la resurrección. Lo que sea que decidas, el Sabbat puede ser un tiempo especial para sentir la presencia de Dios, y vivir y hablar de maneras que te den paz a ti y a otros. El Sabbat no es una cuestión de cumplir con reglas y regulaciones, sino de celebrar lo que Dios ha hecho y está haciendo. ¡Así que adora a Dios, come bien, da un paseo, toma un baño de burbujas, juega, descansa y disfruta!

Fomentar un ritmo de descanso en tu vida puede producir beneficios impresionantes. Además de guardar el sábado, las Escrituras elogian otra disciplina sencilla que puede producir grandes dividendos. Veamos una práctica espiritual que puedes hacer en cualquier lugar, en cualquier momento, y que te ayudará a experimentar una medida más grande de la prometida paz de Dios.

En busca de la paz

1. ¿Cómo describirías el ritmo de tu vida en este momento: más rápido que una bala, más lento que una babosa, o entre ambas cosas? ¿Qué tipo de impacto —positivo o negativo— tiene el ritmo al que estás viviendo en tu capacidad para experimentar el descanso y la paz?

2. Thomas Merton dijo que «permitirse ser arrastrado por una multitud de preocupaciones contradictorias, rendirse a demasiadas exigencias, comprometerse con demasiados proyectos, querer ayudar a todo el mundo en todo, es sucumbir a la violencia». ¿Cómo tu propia experiencia ha validado o invalidado esta afirmación?

3. ¿Por qué a algunas personas les resulta difícil tomar tiempo libre? ¿Cómo pasas tu tiempo libre?

4. El espacio suficiente entre las letras y las líneas de una página de texto es lo que hace que la lectura sea fácil para la vista. ¿Cómo podrías tú introducir más espacio en tu vida para experimentar más de la paz de Dios?

5. ¿Qué cambios tendrías que hacer a fin de poder apartar un día de la semana como un día de descanso? ¿Cómo cambiaría tu vida si pudieras hacer esos cambios?

6. Mark Buchanan dice que no se le ocurre ni una sola ventaja que haya ganado alguna vez por estar apurado, mientras que sí puede pensar en «miles de cosas rotas y perdidas». Recuerda tus experiencias más recientes de sentirte apurado y agobiado. ¿Qué ventajas experimentaste? ¿Qué desventajas?

7. Intenta pensar en tres cosas que te encantaría hacer en un día de descanso y luego considera apartar un día para hacerlas.

Capítulo nueve

La magia
de invertir

Hace varios años una vecina me contó acerca de una despedida de soltera que había celebrado en su casa. Su hija, Christine, solo tenía tres años en aquel entonces. La mejor amiga de Christine era otra pequeña preciosidad llamada Momo, abreviatura de Maureen. Las dos niñas siempre se estaban riendo de alguna travesura compartida. Pero el día de la fiesta ambas parecían portarse a la perfección.

Sonrisas angelicales agraciaban sus mejillas regordetas mientras repartían vaso tras vaso de agua fresca a las invitadas. ¡Qué lindas! ¡Qué serviciales! No fue sino hasta que se fue la última invitada que la verdad salió a relucir. Una hermana mayor desconfiada siguió a las dos niñas para descubrir qué habían estado tramando. Pronto descubrió que habían estado agarrando vasos de la mesa, los llevaban al baño, los llenaban con agua del inodoro, ¡y luego los servían a las invitadas de la fiesta! Ese día muchas mujeres bajaron el pastel con una libación de agua de inodoro.

Cuando escuché la historia, pensé que era muy divertida, hasta que me di cuenta de que sucedió durante un año repleto de bebés y fiestas. Me preguntaba si había estado allí ese día. No podía recordarlo, o no quería. En cualquier caso, la truhanería de Christine y Momo le da un giro completamente nuevo al viejo refrán de que uno puede ver la vida como un vaso medio vacío o medio lleno. Al contarte la historia decido recordarla como un vaso medio lleno, agradecida por la risa que todavía me inspira; a menos que, por supuesto, sea yo lo suficientemente irrespetuosa como para contarla en otra despedida de soltera.

Cuando se trata de experimentar más de la paz de Dios, aprender a estar agradecidos en medio de los altos y bajos de la vida puede marcar toda la diferencia. Pero, ¿en realidad es tan importante la gratitud? Antes de que indaguemos la respuesta a esa pregunta, quiero analizar un principio de inversiones que algunos han llamado la «magia de combinar». A pesar de los bajones en la economía, sabemos que es posible hacer grandes sumas de dinero al invertir con sabiduría durante el curso de muchos años. Digamos que inviertes cien dólares a una tasa promedio de interés del ocho por ciento. En solo nueve años habrás duplicado tu dinero. Sin invertir ni un centavo más, en treinta años tendrás diez veces esa suma de dinero. Una mirada más cercana a la gratitud pudiera indicar que funciona un tanto como el interés compuesto cuando se trata de experimentar la paz que Dios tiene para nosotros.

Por una parte, la gratitud supone que existe orden y significado en el universo, y que hay alguien al timón. No somos simples átomos que andan de un lado a otro en un universo caótico. Además, el que está al timón es el mismo que nos invita a llamarle Padre. La gratitud es una expresión de nuestra creencia en que Dios es soberano y que nosotros le interesamos.

A menudo me he preguntado cómo mis amigos ateos pueden expresar su gratitud por algo tan sencillo como un día lleno de sol o una noche poblada de estrellas. Si el universo surgió por casualidad, no hay nadie a quien agradecer. G. K. Chesterton le llamó a la gratitud «felicidad duplicada por asombro». Pero es difícil experimentar asombro en una vida privada de Dios.

Qué contraste con el salmista que canta:

> ¡Alaba, alma mía, al SEÑOR!
>> SEÑOR mi Dios, tú eres grandioso;
>> te has revestido de gloria y majestad.
> Te cubres de luz como con un manto;
>> extiendes los cielos como un velo. *(Salmo 104:1-2)*

La acción de gracias es un tema que persiste a través de toda la Biblia:

> ¡Alaben al SEÑOR porque él es bueno,
>> y su gran amor perdura para siempre! *(1 Crónicas 16:34)*

> El SEÑOR es mi fuerza y mi escudo;
>> mi corazón en él confía;
>> de él recibo ayuda.
>> Mi corazón salta de alegría,
>> y con cánticos le daré gracias. *(Salmo 28:7)*

> Yo te daré gracias en la gran asamblea;
>> ante una multitud te alabaré. *(Salmo 35:18)*

> Entren por sus puertas con acción de gracias;
>> vengan a sus atrios con himnos de alabanza;
>> denle gracias, alaben su nombre. *(Salmo 100:4)*

Los antiguos israelitas conocían el valor de la gratitud. Por ejemplo, David designó levitas para dar gracias a Dios en el momento en que el arca del pacto era traída a Jerusalén (1 Crónicas 16:4).

Nehemías designó dos coros grandes para cantar gracias a Dios cuando se dedicaban los muros de Jerusalén, la defensa principal de la ciudad (Nehemías 12:31-43). Incluso hay indicios de que la acción de gracias puede ser una fuerza poderosa para la paz. Cuando salían para la batalla, uno de los reyes de Judá le ordenó una vez a un grupo de hombres que marcharan delante de su ejército. Ellos solo tenían una tarea, proclamar su agradecimiento a Dios (2 Crónicas 20:20-29). Increíblemente, cuando el rey llegó al campo de batalla lo encontró lleno de los cadáveres de sus enemigos. Mientras sus hombres habían estado dándole gracias a Dios, alabándole por su bondad, sus enemigos se habían peleado entre sí y se destruyeron a sí mismos. Al parecer la acción de gracias no solo es una buena defensa, sino también una buena ofensiva que en ocasiones crea paz al destruir a nuestros enemigos.

En la actualidad muchos de nuestros enemigos son más internos que externos. El temor nos ensombrece. No tenemos dinero suficiente. Dudamos de que Dios cuide de nosotros. Sufrimos en matrimonios difíciles. Hemos perdido la relación con hijos que se han ido por su propio camino. Muy a menudo el hogar no es un lugar de paz sino una lucha continua. Nos quita toda esperanza.

Sin embargo, en lugar de desplomarnos ante estos enemigos, podemos tomar la ofensiva al poner nuestra atención otra vez donde debe estar: directamente en Dios y su bondad. Si el dinero es el problema, puedes darle gracias a Dios por todas las cosas que sí tienes. Cuando las relaciones son dolorosas, puedes agradecerle a Dios de antemano por la sanidad y la restauración que esperas. Expresar gratitud tanto en los buenos como en los malos tiempos te recordará todo lo que Dios ya ha hecho por ti. También te ayudará a comprender que no estás solo. Le perteneces a un Dios amoroso y poderoso a quien no le son indiferentes tus problemas.

Lo contrario de la gratitud, por supuesto, es la queja. La queja habitual crea un ambiente negativo en el cual es difícil experimentar la paz de Dios. Hace unos años el pastor Will Bowen desafió a su congregación en la ciudad de Kansas, Missouri, a usar pulseras color púrpura como una manera de monitorear sus esfuerzos para eliminar de sus vidas el hábito de quejarse. Desde entonces su organización, A Complaint Free World [Un mundo libre de quejas], ha distribuido casi seis millones de pulseras a personas del mundo entero. Bowen desafía a las personas a romper con el hábito de quejarse al ponerse un brazalete púrpura en la muñeca. Cada vez que se quejen tienen que cambiarse el brazalete para la otra muñeca. La meta es pasarse veintiún días sin tener que cambiarse el brazalete. Es efectista, pero varias personas testifican de la eficacia de esta sencilla idea.

Una persona dijo que desde que dejó de quejarse no padece de migrañas.

Otra persona, un padre de Arizona, dice que todas las noches a la hora de la cena su familia debate sus fracasos y sus éxitos así como ideas para cómo convertirse en una familia libre de quejas. El resultado, dice él, ha sido «un sentido mayor de interés, felicidad y paz dentro de nuestro hogar». Continúa explicando que este esfuerzo «le ha dado una nueva perspectiva a mi comprensión de la crianza de los hijos. Me criaron en la creencia de que cierto tipo de disciplina es la única forma de moldear a un niño (como las golpizas o los gritos). Aplicar un ambiente libre de quejas nos ha mostrado a mi esposa y a mí que nuestros hijos responden de manera diferente a un tono positivo en nuestra voz. No se ponen a la defensiva como hacen normalmente cuando alzamos la voz y hablamos en un tono negativo y quejoso. Esto ha creado un cambio drástico en nuestra comunicación con los niños».

Otro hombre, dueño de un salón de belleza en Texas, decidió pintar de púrpura la sala de descanso de su salón. De un lado a otro de la pared escribió las palabras: «Un mundo libre de quejas». Entonces le dio a cada empleado un brazalete junto con un libro y un CD acerca del programa y prometió premiar a todo el que completará los veintiún días del desafío. El primer día fue divertido. El segundo día no tanto. El miércoles tres de sus empleados se fueron y dijeron que no les interesaba trabajar en un lugar donde la administración se negaba a enfrentar los problemas. Preocupado por el asunto, el dueño oró esa noche por si estaba haciendo lo correcto o no. Mientras oraba, se dio cuenta de que estas tres personas eran las que más se quejaban. Los miembros del personal reaccionaron a la noticia de su partida con esta respuesta: «Gracias a Dios que se fueron, siempre son tan negativos». Después de contratar a tres empleados nuevos, que producen dos veces los ingresos de los tres que renunciaron, con frecuencia los clientes lo llaman aparte y le dicen que lo que hace que su bello salón sea un lugar tan maravilloso son las personas que trabajan allí.

Convencida por sus historias, yo también he decidido usar mi propio brazalete púrpura. Hasta ahora he logrado dejarlo en la misma muñeca por un máximo de dos días, un récord lastimoso sobre todo porque pasé la mayor parte del día de trabajo sola en mi oficina escribiendo. ¡En un momento hasta me quejé de tener que llevar el brazalete!

Se dice que Benjamin Disraeli comentó que él sentía una sensación muy inusual. «Si no es indigestión, creo que debe ser gratitud», decía él de manera sarcástica. Romper el hábito de quejarse puede ser un primer paso para convertirse en una persona más agradecida. Es difícil ver todo lo bueno en nuestras vidas cuando estamos obsesionados con todo lo malo.

La queja habitual es una manera disfuncional de lidiar con la dificultad, una manera de ensayar nuestros motivos de queja sin hacer ningún intento para resolverlos. Creemos que quejarnos nos hará sentir mejor, tal vez porque al hacerlo estamos soltando el vapor o echándole la culpa a lo que sea que nos está molestando. Pero el hábito de quejarse solo refuerza nuestro descontento, y difunde nuestra insatisfacción a los demás.

Pero ¿acaso no debiéramos poder decirles a Dios y otros las cosas que nos están afligiendo? Por supuesto. Algunas personas piensan que ser cristiano significa actuar como si no tuviéramos problemas. Solo pon una sonrisa en tu rostro y actúa como si todo estuviera bien en un total desafío a los hechos. Pero eso es locura, no gratitud. Jesús no vino a la tierra para convertir a la gente en una especie de Pollyanna. Él no nos pide que finjamos que la vida es mejor de lo que es. Él vino para sanarnos, para salvarnos y para restaurar nuestra relación con el Padre y con los demás. La honestidad es fundamental para cualquier relación saludable.

Aceptar el llamado a dar gracias no es un llamado a la hipocresía ni una invitación a disimular las dificultades de la vida. La verdadera gratitud es algo mucho más fuerte. Es un llamado a proclamar las grandes verdades de nuestra fe ya sea en los buenos tiempos como en los malos.

La acción de gracias puede volver a alinear nuestras vidas con las verdades que creemos. Damos gracias porque Dios nos hizo. Damos gracias por su perdón y su cuidado. Estamos agradecidos porque tenemos un propósito. Todo lo bueno de nuestras vidas es un regalo del Dios que nos ama. Mientras más damos gracias, más agradecidos nos sentimos. Alabar a Dios cuando tenemos problemas es encender un fuego en medio de la oscuridad.

Mark Buchanan explica que «el estar agradecidos es un pasadizo secreto a una habitación que no puede encontrarse de ninguna otra manera... Nos permite descubrir el resto de Dios, aquellas dimensiones del mundo de Dios, de la presencia de Dios, del carácter de Dios que están escondidas siempre de los desagradecidos. La ingratitud es tanto una enfermedad ocular como una enfermedad del corazón. Solo ve los defectos, las cicatrices, la escasez. De la misma manera, el dios de los ingratos es receloso, tacaño, poco generoso, arrogante, criticón».

Pablo instruye a los tesalonicenses a que «den gracias a Dios en toda situación» (1 Tesalonicenses 5:18). Y Pablo estaba familiarizado con «toda situación». Solo un mes antes de su carta, los tesalonicenses tuvieron que sacarlo a escondidas de la ciudad por la noche porque una turba airada se había indignado con su predicación. Pablo sabía exactamente lo que los creyentes enfrentaban. Unos años después habló de haber sido azotado, encarcelado, de haber estado sediento, hambriento, frío y desnudo (2 Corintios 11:23-28). Las credenciales de Pablo como alguien que sufrió le dan el derecho de hablarnos de dar gracias en todas las circunstancias. Si no fuera por lo que él soportó, sería muy fácil desechar su consejo.

Observa que Pablo no dice dar gracias *por* todas las circunstancias. No nos dice que le demos gracias a Dios *por* nuestras dificultades. Él está diciendo que debemos dar gracias *en* medio de nuestras circunstancias. Una vez escuché a una mujer darle gracias a Dios por afligir a su hija con una enfermedad mental. Yo di un respingo cuando la escuché decir aquello porque me parecía un insulto muy grande al carácter de Dios. No creo ni por un instante que Dios afligiera a su hija con una enfermedad mental. Más bien la chica la padecía porque había nacido en un mundo caído. Yo creo que Dios sufre por nuestro dolor junto con nosotros a pesar del hecho de que puede usarlo para bien en nuestras vidas.

En lugar de enfocarnos en nuestras circunstancias, dar gracias nos ayuda a sobrepasarlas al replantear la narrativa. Pablo pudiera haber tomado sus muchas aflicciones como una señal de que Dios lo había abandonado. «Señor, debo estar haciendo algo mal si tantas personas me desprecian». O «¿por qué dejas que me golpeen y me tiren a la cárcel solo por hablarle a la gente de ti? Tú debes odiarme». Sin embargo, no fue así como él reaccionó. En lugar de enfocarse en sus sufrimientos y hacer toda una narrativa de quejas, él se enfocó en Dios y relató una historia de confianza en él. La confianza inquebrantable de Pablo mantenía sus ojos enfocados en la bondad de Dios en lugar de en todas las dificultades que enfrentaba.

Una de mis hijas tiene problemas para prestar atención, lo cual puede convertir diez minutos de tarea en dos horas. Hace unas semanas ella mencionó que estaba ansiosa por aprender a manejar. Pero, ¿sería un problema si se ponía a mirar a su alrededor mientras manejaba?, se preguntaba ella. Después de todo, hay tantas cosas interesantes que mirar: tiendas que pasan zumbando, gente que pasa caminando, árboles que cambian de color. Mantener sus ojos en la carretera le resultaba aburrido. No estaba segura de poder manejarlo. Por supuesto, yo no tengo ningún apuro en ponerla detrás del timón de un auto. No concentrarse en las cosas correctas cuando uno está manejando puede ser peligroso para la salud. De la misma manera, no concentrarse en las cosas correctas en tu vida con Dios puede ser peligroso para tu salud espiritual. Dar gracias pone el enfoque donde va, justo en Dios y su bondad.

La mayoría de nosotros nunca sufrirá las dificultades que Pablo soportó. Nuestra lucha para dar gracias tendrá lugar en circunstancias mucho más triviales. Esta mañana una de mis hijas salió de la casa enfurruñada, enojada porque yo la había regañado por algo. Además, casi no llega a tiempo al bus, una falta habitual este año. Entonces entró la llamada telefónica de la escuela: «Mami, se me olvidó el almuerzo. ¿Me lo traerás?». Yo empecé a repasar las frustraciones de la mañana en mi mente mientras manejaba a la escuela para llevarle el almuerzo. Entonces recordé que estaba tratando de seguir el consejo de Pablo de dar gracias en toda situación. De modo que en lugar de repasar mis quejas, comencé a darle gracias a Dios por su bondad y por el hecho de que él tiene un buen plan para mi hija y para mí. Mientras más gracias le daba, más cosas encontraba por las cuales estar agradecida: un día precioso lleno de sol, un trabajo que me encanta, su provisión durante todo el año, cuán bien le iba a mi hija en sentido general. Darle gracias a él me liberó de molestias insignificantes que amenazaban con arruinar mi mañana.

Recuerdo cuán sorprendida me quedé por un informe que escuché en la radio después del terremoto que azotó a Haití el 12 de enero de 2010. Observar la devastación y el sufrimiento en Puerto Príncipe en aquellos días era como ver un programa tipo *reality* en el infierno. En medio del caos, tres médicos y un fisioterapeuta de Miami se habían unido a otros cientos de trabajadores de la salud para tratar de aliviar la angustia del pueblo haitiano. Los cuatro estaban ubicados en una tienda de campaña a modo de hospital que albergaba a ciento veinticinco personas, la mayoría con lesiones devastadoras por aplastamientos. Algunos tenían huecos enormes en la piel. Los vendajes estaban sin cambiar, las heridas infectadas, y había sangre por todas partes. La temperatura ambiente llegaba casi a los treinta y tres grados Celsius y los mosquitos llenaban la tienda. En cuanto al olor, era algo que ellos nunca habían experimentado, una mezcla de carne podrida, orina, sudor y heces. No había agua en las llaves ni inodoros. Aparte de repartir medicinas para el dolor, había poco que los médicos pudieran hacer para aliviar el sufrimiento. Un trabajador de salud explicó que tenían tabletas de morfina que ponían en las bocas de sus pacientes «como si fuera la hostia».

«Como médicos nos sentíamos abrumados por lo despreciable de la situación», dijo uno. Y entonces algo sucedió que alteró la atmósfera de manera drástica.

Eran como las nueve de la noche cuando un hombre con una guitarra entró a la tienda. Agarró una silla, se sentó y comenzó a tocar. Uno podía escuchar a la gente que comenzaba a cantar en armonía. Los trabajadores de salud se alternan al contar lo que sucedió después.

«Y entonces cada fila comenzó a cantar. La oleada se escuchaba cada vez más alto. Más alto. Y más alto».

«Al abrir la puerta, el sonido se triplicó. Todo el mundo. Cada haitiano. Todo el mundo cantaba estas palabras...».

«Recuerdo hacer un paneo con mi cámara y solo ver una multitud de personas cantando y danzando en medio de la tienda. La gente daba brincos. Gente con heridas en la cabeza. Gente que no podía ponerse en pie por las heridas aun así cantaban y aplaudían...».

«Nos volvimos a uno de los intérpretes y le preguntamos: "¿Qué están cantando?". Y nos dijo: "Jesús, gracias por amarnos"».

«Fue como si nos dieran con un cuchillo. Lo digo por lo que habíamos visto. Los amputados, los niños, y cómo cantaban de esa manera. Y el gozo y la felicidad que tenían. Fue un momento crucial. Después de eso las cosas cambiaron».

«Es tremendamente aleccionador estar cerca de personas que, en el peor momento de su vida, tienen en sus corazones el dar gracias por lo que les queda, que en realidad es solo polvo».

«En verdad yo estaba tan devastado, tan cansado, sudado y agobiado por el vuelo, y en el proceso de levantarse y ponerse ellos en pie, estaban levantando a los médicos y las enfermeras, dándonos un gran sentido de esperanza».

Filón de Alejandría, un filósofo judío del primer siglo, dijo una vez que «el alma agradecida del hombre sabio es el verdadero altar de Dios». Sin duda que ese día las víctimas del terremoto de Haití construyeron un altar a Dios en medio de su inimaginable sufrimiento.

Además de decirles a los tesalonicenses que dieran gracias en toda situación, Pablo les aconsejó: «Oren sin cesar» (1 Tesalonicenses 5:17). Este consejo siempre me dejaba perpleja. ¿Cómo era posible que alguien orara sin cesar? Eso parecía una receta para volverse loco. No fue hasta que empecé a aprender sobre la costumbre judía de ofrecer *berakhah* o *brakha,* oraciones de bendición, que comencé a percibir el significado de Pablo. Deuteronomio 8:10 aconseja a los israelitas: «ALABARÁS AL SEÑOR TU DIOS POR LA TIERRA BUENA QUE TE HABRÁ DADO». Para obedecer a esta Escritura el pueblo judío comenzó a ofrecer oraciones cortas de alabanza a Dios a lo largo del día. Las ofrecían desde que se levantaban hasta que se iban a la cama. El propio Jesús debe haber dicho muchas de tales bendiciones.

Esta tradición ha continuado a través de los siglos de manera que los judíos que hoy la siguen oran como promedio al menos cien bendiciones por día. A continuación te presento algunas que tal vez quieras incorporar a tu propia vida:

Cuando abras tus ojos en la mañana:
Bendito eres tú, Señor nuestro Dios, Rey del universo, que le das vista a los ciegos.

Cuando te levantas:
Estoy agradecido a ti, Rey viviente y eterno, por regresarme el alma con compasión. Tú eres inmensamente fiel.

Cuanto te vistes:
Bendito eres tú, Señor nuestro Dios, Rey del universo, que vistes al desnudo.

Cuando has sobrevivido una enfermedad o un peligro:

Bendito eres tú, Señor nuestro Dios, Rey del universo, que concedes bondades al indigno y quien me ha concedido toda bondad.

Cuando te vas a dormir:

Bendito eres tú, Señor nuestro Dios, Rey del universo, que creaste el día y la noche. Tú te llevas la luz ante las tinieblas y las tinieblas ante la luz. Bendito eres tú, Señor, que creas el crepúsculo de la noche.

Bendito eres tú, Señor nuestro Dios, Rey del universo, quien pones el sueño sobre mis ojos y la somnolencia en mis párpados.

Que sea tu voluntad, Señor mi Dios, y el Dios de mis padres, permitirme dormir en paz y permitir levantarme en paz otra vez.

Hay bendiciones para orar cuando comes, cuando te bañas, cuando estudias la Biblia, cuando recibes perdón, cuando encuentras a una persona bella o a un maestro talentoso, incluso para cuando experimentas dolor. La idea de agradecer a Dios incluso cuando la vida es difícil es que tenemos que amarlo con todo nuestro corazón, lo que significa que no dejamos fuera las partes tristes o dolorosas. Pero, ¿se convertirá el decir tantas oraciones formales en una recitación rutinaria? ¿Se nos olvidará lo que estamos diciendo? Es posible, pero es igualmente posible que con tales actos continuos de devoción pongamos nuestros ojos en Dios y reestructuremos la narrativa de lo que sucede a nuestro alrededor.

En *Sitting at the Feet of Rabbi Jesus* [Sentado a los pies del Maestro Jesús], Lois Tverberg y yo comentamos: «¿Te acuerdas de todas las veces en que tu madre te recordó que usaras las palabras mágicas "por favor" y "gracias"? Ella lo hacía porque sabía que este pequeño hábito tiene el poder de inculcar actitudes de agradecimiento y consideración. De la misma manera el hábito de bendecir a Dios continuamente nos enseña a estar siempre conscientes de cuánto Dios nos ama y cómo cuida de nosotros siempre».

En un esfuerzo por prestar atención al consejo de Pablo de orar sin cesar, algunos de los primeros cristianos desarrollaron oraciones cortas llamadas «aspiraciones». Agustín señaló que la ventaja de dichas oraciones es que son tan breves que hacen que nos sea más fácil mantener el enfoque concentrado que requiere la oración. Podemos inventar nuestras propias oraciones cortas a lo largo del día. Será suficiente algo tan sencillo como «Gracias Señor, por darme un lugar para vivir»; «Señor, te doy muchas gracias por la comida en la mesa», o «Gracias por tu misericordia». La idea es orar con frecuencia y hacerlo de corazón.

G. K. Chesterton dijo una vez: «Las personas dan gracias antes de las comidas. Está bien. Pero yo doy gracias antes del concierto y la ópera, y gracias antes de la obra teatral y la pantomima, y gracias antes de abrir un libro, y gracias antes de dibujar, pintar, nadar, practicar esgrima, boxear, caminar, jugar, bailar, y gracias antes de meter la pluma en la tinta». Esa es la actitud que debe moldear nuestras propias oraciones cuando buscamos expresar nuestra gratitud a Dios.

En el corazón del mandato bíblico de dar gracias está la creencia de que tenemos un Dios no de escasez, sino de abundancia. El teólogo Walter Brueggemann señala que la Biblia comienza con una canción de abundancia. Génesis 1, dice él, «es una canción de alabanza por la generosidad de Dios. Nos dice cuán bien ordenado está el mundo. Sigue diciendo: "Es bueno, es bueno, es bueno, es muy bueno" [...] Y refleja al creador diciendo: "Sean fecundos y multiplíquense". En una orgía de fertilidad, todo en su especie debe multiplicar la desbordante bondad que se derrama del espíritu creador de Dios».

¿Cómo hace Dios para confirmar esta abundancia en las vidas de su pueblo? Por un lado, cuando ellos estaban cautivos en Egipto, se multiplicaron más allá de la capacidad del faraón para tolerarlos. Luego, en el inhóspito desierto, Dios les sirve como anfitrión amable, alimentándolos con el maná durante cuarenta años. Que esta pandilla harapienta de esclavos por fin llegue a su destino es, dice Brueggemann, «una maravilla, es un milagro, es una vergüenza y es irracional».

¿Acaso nuestros padres no nos han dicho siempre que contemos nuestras bendiciones? ¿Qué tal si ese es más bien un consejo perspicaz y no un cliché trillado, una estrategia que nos permitirá vivir una vida de abundancia en lugar de una vida de escasez? La gratitud, por supuesto, no garantiza una vida de prosperidad material, pero sí reafirma la verdad del deseo de Dios de tratarnos con tremenda generosidad. Al reconocer las cosas buenas que ya Dios ha hecho, nuestra confianza en su gracia futura crecerá. Podemos relajarnos, y abrir nuestras manos a las bendiciones que él quiere darnos.

Por el contrario, la ingratitud nos condena a vivir en el temor. En lugar de manos abiertas nos volvemos agarrados. Las manos cerradas no pueden recibir las bendiciones que Dios quiere dar. Ser cristiano y ser ingrato es una contradicción de términos. Es como ser un multimillonario que nunca lee sus estados de cuenta. Se cree que está pobre, vive en una casa estrecha de una sola habitación, aterrado porque se le acabará el dinero y terminará viviendo en las calles.

La gratitud contrarresta la creencia de que Dios, o no puede, o no proveerá para nosotros. Eso es verdad ya sea que estemos hablando o no de recursos materiales, emocionales o espirituales. Dios quiere darnos lo que en verdad necesitamos, ya sea dinero, paz, paciencia, sabiduría o fe.

Además de expresar nuestra gratitud mediante la oración y la alabanza, podemos expresarla al practicar la generosidad. Al darle a Dios al menos el diez por ciento de nuestros ingresos expresamos nuestra fe en su capacidad para proveer para nosotros y para otros. Soltamos el control de todo lo que él nos ha dado, dispuestos a compartirlo con los demás. La generosidad nos hace más como el Dios que amamos. Al darle comida al hambriento, consuelo al que sufre y abrigo al desamparado, reflejamos su imagen en el mundo. Lo que es más, la práctica del diezmo puede funcionar un poco como una vacuna, nos protege del poder contagioso de la avaricia. Es una manera concreta de rechazar la narrativa de la escasez y confirmar nuestra fe en la abundancia de Dios.

El dar gracias no solo redirige nuestra atención a Dios. También puede ser un acto de oposición espiritual, una forma de guerra espiritual. ¿Por qué? Porque una actitud de agradecimiento puede resistir la tendencia del mundo que nos rodea de revestirlo todo de negativismo, nos permite resistir el pesimismo que inunda las ondas radiofónicas y domina el discurso político. También nos puede ayudar a rechazar la tentación constante de pensar que en realidad no le importamos a Dios.

Hacer de la acción de gracias un hábito afecta inevitablemente nuestras relaciones porque comenzamos a ver a los demás entre las mayores bendiciones que tenemos. Las personas que nos aman, que nos perdonan, que nos escuchan, que nos enseñan, que oran por nosotros y que sostienen nuestras manos cuando lo necesitamos. Todo esto es una expresión del cuidado de Dios por nosotros y a todos debemos dar gracias.

Un lector hizo esto conmigo ayer. Comenzó por explicarme que Dios estaba abriendo sus ojos a las bendiciones cotidianas. Con ese espíritu, quería decirme que uno de mis libros lo había ayudado. Entonces me ofreció un pasaje específico de las Escrituras como una manera de darme ánimo en mi vida personal y profesional. Sus palabras y el pasaje que mencionó dieron en el blanco, aunque él no tenía manera de haberlo sabido. Ni tampoco que yo estaba en medio del proceso de escribir un capítulo sobre la gratitud, ni que su nota me llegaría unos minutos antes de que fuera a una reunión con mi editora para proyectos futuros. Fue una palabra de aliento puntual, una expresión de agradecimiento que pudiera no haber sido dada si Dios no le hubiera estado enseñando sobre la gratitud.

La gratitud es expansiva. Nos da «un Dios más grande» al aumentar nuestra imagen de su carácter. Nos damos cuenta de que él no tiene límites en las maneras en que puede obrar en nosotros y a través de nosotros. Además, nos hace «gente más grande» al permitirnos reflejar la generosidad de Dios al mundo que nos rodea. Como lo dice la maravillosa versión de la Biblia de Eugene Peterson:

> *El mundo del generoso se hace más y más grande;*
> *El mundo del tacaño se vuelve más y más pequeño. (Pro-*
> *verbios 11:24, traducción de la versión inglesa The Message)*

Si quieres experimentar la paz que Dios promete, recuerda que la gratitud puede afectar tu vida de la misma manera en que el interés acumulativo afecta tus inversiones. Aprender a ser agradecido a pesar de las circunstancias producirá una vida más plena y abundante, una vida que esté arraigada con seguridad en la bondad de Dios.

Tal vez has encontrado una manera de vivir una vida sencilla, de practicar la gratitud y mantener a Dios como el héroe de tu propia historia, pero todavía careces de paz. En nuestra búsqueda de una paz mayor no podemos pasar por alto el poder de las palabras que decimos. En el caso de algunos la lengua es el obstáculo que más se resiste a la paz. Las palabras que decimos y las palabras que escuchamos pueden crear tremenda lucha y dificultad. ¿Cómo podemos comenzar a dominar el poder increíble de nuestras lenguas?

EN BUSCA DE LA PAZ

1. ¿Por qué crees que dar gracias es un tema tan persistente en la Biblia?

2. ¿Crees que es posible o siquiera deseable eliminar la queja de tu vida? ¿Por qué sí o por qué no?

3. ¿Cómo el hábito de la queja o el hábito de dar gracias puede moldear tu imagen de Dios?

4. Piensa en tus experiencias de las últimas veinticuatro horas: mañana, tarde y noche. Ahora imagina que estás reviviendo esas horas. ¿Cómo pudieras dar gracias, no *por* tus circunstancias, sino *en medio de* ellas?

5. Describe una ocasión en tu vida en que pudiste dar gracias a pesar de tus dificultades. ¿Qué impacto tuvo en ti expresar gratitud en un momento así?

6. ¿De qué maneras prácticas pudieras expresar tu gratitud hacia Dios?

CAPÍTULO DIEZ

¿PAZ EN CADA PALABRA?

Un día mientras daba una conferencia a una multitud en Denver, el rabino Joseph Telushkin miró al público y preguntó: «¿Cuántos de ustedes crecieron en una familia donde el mal temperamento de alguien tenía un efecto malo en la familia?».

Para sorpresa de Telushkin una persona en la habitación enseguida alzó la mano, y luego otra mano se alzó junto a la de ella. ¿Por qué la sorpresa? La primera mano era de su hija de seis años y la segunda de su hermana menor, ambas estaban ese día en el público. Sus oyentes, por supuesto, se divertían y deleitaban con la muestra de honestidad de sus hijas.

Es una confesión valiente, en especial de un autor que escribió un libro titulado *Words That Hurt, Words That Heal* [Palabras que hieren, palabras que sanan]. *¿Cuál* es la moraleja de la historia? Esto es lo que yo saco de ella. Si vas a dar consejos en público, ¡asegúrate de que tus hijos no estén en las inmediaciones! Date cuenta, si eres el autor de un libro sobre la paz y uno de los capítulos se titula «Paz en cada palabra», sería inteligente esconder el libro no sea que tus hijos lo descubran un día y comiencen a revelar tus propias deficiencias en cuanto al habla.

La vida familiar tiene muchos beneficios, y uno de los más importantes es que los hijos te ayudan a mantenerte honesto con respecto a tus luchas y desafíos. Aprender a hablar palabras que de manera constante produzcan paz en lugar de angustia sería, en verdad, una gran bendición.

Sabemos que cuando el pecado entró al mundo por primera vez, muchas de las cosas buenas que Dios hizo se volvieron distorsionadas y corruptas. Los dones, las habilidades y los deseos que él destinó para nuestro bien y el bien del mundo que creó comenzaron a operar de maneras disfuncionales, y esto trajo consigo dolor y sufrimiento. Nuestro apetito sexual es un ejemplo notorio. Siendo bueno en sí mismo, el deseo sexual se ha convertido en algo tan distorsionado en algunas personas que ha destruido la paz de maneras irreparables.

De la misma manera, el don del lenguaje, el poder para comunicarnos y conectarnos con otros, aunque es una habilidad única y maravillosa, a menudo ha traído aparejado un inmenso sufrimiento. A diferencia de la disfunción sexual, los problemas del habla nos afectan a todos porque nadie usa la lengua de la forma que Dios quiso, al menos no todo el tiempo. Tampoco nos hemos escapado del trauma que puede infligir la lengua indómita de otra persona. ¿Cómo podemos aprender no solo a contener el poder negativo del habla sino a liberar su poder para bendecir y sanar?

Piensa por un momento en tu restaurante favorito. ¿Qué lo hace tan especial? De seguro la comida y la manera en que la cocinan. Pero, ¿qué hace que quieras regresar? En el caso de muchos es el ambiente. El diseño, la iluminación, la música de fondo, el nivel del servicio... todas estas cosas crean una atmósfera única. El hablar también crea cierto ambiente. Al entrar en una habitación a menudo podemos percibir si la atmósfera es optimista, alentadora y relajada, o si es de ansiedad, depresión y enojo.

¿Alguna vez has estado buscando casa y tienes la sensación de que una casa se siente mejor que otra? Pareciera más feliz. ¿O por el contrario cuando una casa se siente triste o deprimida? El negativismo crónico al hablar crea una atmósfera que es tanto dolorosa como peligrosa para la salud espiritual y emocional de todas las personas. Es como ser un fumador secundario. Los efectos malignos de un lenguaje que se alimenta de la ira, el negativismo o la depresión son perjudiciales.

Recuerdo haber escuchado a una niñera que trataba de consolar a una de mis compañeras de juego en la niñez que había sido insultada por su hermano mayor. «No te preocupes», dijo ella abrasando a la niña, «*las piedras y los palos te podrán dar golpes, pero las palabras nunca te herirán*». La niñera tenía buenas intenciones, pero este refrán es una mentira. Las palabras tienen un poder increíble para herir y dañar.

«¿Tú eres imbécil?», le espetó un padre exasperado a un hijo que acababa de enseñarle malas calificaciones. «Eres una chiquilla haragana y egoísta», le grita una madre a su hija adolescente. «Ya deja de quejarte, vieja arpía», dice con brusquedad un esposo cuya esposa le ha recordado demasiadas veces una tarea que él prometió hacer. En un momento de enojo todos a veces hemos sido culpables de lanzar palabras como si fueran pequeñas granadas. Aunque tal vez más tarde nos arrepintamos de nuestra brusquedad, no podemos sencillamente desdecir palabras que se han alojado como metralla en los corazones y las mentes de aquellos que las escucharon.

Cuánto mejor es prevenir el daño al prestarle atención a este sencillo proverbio amish: «Tragarse las palabras antes de decirlas es mucho mejor que tener que comérselas después». Aprender a controlar nuestras lenguas no solo impide un daño irreparable, sino que incluso puede hacernos parecer más sabios de lo que somos. Como dice el libro de Proverbios de manera terminante: «Hasta un necio pasa por sabio si guarda silencio; se le considera prudente si cierra la boca» (17:28).

¿Dónde podemos encontrar el poder para cambiar, para refrenar el poder de nuestras lenguas? El Salmo 34:12-14 aconseja:

> *El que quiera amar la vida*
> *y gozar de días felices,*
> que refrene su lengua de hablar el mal
> *y sus labios de proferir engaños;*
> que se aparte del mal y haga el bien;
> *que busque la paz y la siga.*

El mensaje está claro. Si quieres tener una buena vida, comienza por prestarle atención a tu manera de hablar.

¿Qué podemos aprender sobre el poder de las palabras al estudiar las Escrituras y la vida de Jesús?

¿Alguna vez te has preguntado por qué la Biblia se refiere a él una y otra vez como el Verbo? ¿Acaso el «Verbo de Dios» no resulta un tanto esotérico en comparación con el «Cordero de Dios» o el «Rey de reyes», por ejemplo? Lo es hasta que uno entiende que a Jesús se le llama el Verbo porque él nos comunica a Dios de una manera perfecta. Si alguna vez te confundes con ciertas imágenes de Dios del Antiguo Testamento que le hacen parecer malo e iracundo, solo tienes que mirar la vida de Jesús para comprender quién es Dios y cómo te ama. Aunque Jesús se comunicó con sus palabras, también nos habló mediante todos los sucesos de su vida. Todo lo relacionado con él —su nacimiento, sus milagros, sus parábolas, su vida, su muerte y su resurrección— todo ello nos expresa la mente y el corazón de Dios.

Lo que es más, Jesús tenía un poder extraño con las palabras. Considera unos pocos ejemplos:

- Jesús le *dijo* al paralítico: «Levántate, toma tu camilla y vete a tu casa». (Mateo 9:6)
- Jesús le *dijo* al mar: «¡Silencio! ¡Cálmate!». (Marcos 4:39)
- Jesús *gritó* con todas sus fuerzas: «¡Lázaro, sal fuera!». (Juan 11:43)

Ahora vayamos al primer libro de la Biblia. Escucha cómo Génesis 1 muestra a Dios creando al mundo:

- Y *dijo* Dios: «¡Que exista la luz!» Y la luz llegó a existir. (Génesis 1:3)
- Y *dijo* Dios: «¡Que las aguas debajo del cielo se reúnan en un solo lugar, y que aparezca lo seco!» Y así sucedió. (1:9)
- Y *dijo* Dios: «¡Que haya vegetación sobre la tierra...» Y así sucedió. (1:11)

¿Ves el paralelo? Dios creó el mundo solo con su palabra. Jesús lo recrea mediante sus milagros de sanidad y restauración. Con una palabra él muestra su dominio sobre la creación al calmar la tormenta del mar. Como criaturas hechas a imagen de Dios hemos sido llamados a participar en su obra vivificante al usar nuestras propias palabras de una manera creativa y redentora. Aunque solo Jesús es el Verbo, nuestras propias palabras también han sido revestidas de poder creativo. Como creyentes, podemos crear mundos que reflejen una medida de paz y esperanza en lugar del estrés y el caos del mundo que nos rodea.

Un maestro que anima a un niño a creer que puede triunfar, una esposa que se propone elogiar a su esposo cada vez que pueda, un hombre que le dice a su hijo que lo ama sea lo que sea... todos estos dicen palabras que pueden ser cruciales en la vida de otra persona. Incluso las palabras pequeñas pueden marcar una gran diferencia en las personas que nos encontramos en el curso de nuestro día: el aprendiz en el banco que hace que las cosas vayan más lentas, el dependiente que pone nuestras mercancías en la bolsa, la persona que se sienta en el escritorio de al lado. Hasta las palabras de corrección, si se dicen con sabiduría y en un espíritu de amor, pueden ser palabras que bendigan y produzcan paz.

En su libro *War of Words* [La guerra de las palabras], Paul Tripp habla de un incidente que muestra los desafíos que enfrentamos cada día cuando se trata de hablar correctamente. Tripp había estado a la espera de un agradable día de descanso cuando sus dos hijos comenzaron a pelear. Cuando la pelea comenzó, él estaba leyendo. Así fue como describió su estado emocional a medida que los insultos verbales de sus hijos aumentan: «¿No sabían ellos cómo es mi vida? ¿No sabían lo duro que trabajo por ellos? ¿No se daban cuenta de cuán importante era ese día para mí? ¿No se daban cuenta de que yo estaba tratando de leer? ¿Acaso no podían percatarse de que este es el tipo de cosas que arruinan los días así?

»Con ese espíritu me levanté y me dirigí a la escena. Primero vi a mi hija. Le hablé basado en mi sentir de que me habían hecho un daño personal, que ella estaba arruinando *mi* día, y que no parecía importarle. Le di el discurso de "yo hago esto y esto por ti, ¿y así es como me agradeces, por qué no creces de una vez?". Mis palabras eran duras y acusatorias, salidas más del amor a mí mismo que de mi amor por ella.

»El problema con la manera en que le hablé a mi hija», dice Tripp, «es que entré a la habitación como si yo fuera Dios y no como un hombre bajo la autoridad de Dios, con un deseo sincero de ver su voluntad hecha en mi vida *y* en la de mi hija».

¿Quién no puede identificarse con la historia de este padre frustrado? Consideremos lo que estaba sucediendo en el intercambio que ellos tuvieron. Como señala Tripp, él perdió el control al hablar no por la manera en que respondió a los *hechos* de la situación, sino por la manera en que *interpretó* esos hechos. Él sentía que lo habían estafado en un día de descanso bien merecido. Claro que sus hijos podían mostrar un poquito de consideración. Esa fue la interpretación que alimentó su enojo.

Lo mismo sucede con nosotros. La manera en que *interpretamos* los hechos de cualquier situación determinará nuestra respuesta a ellos. Si queremos hablar de una manera que cree un mundo de paz en lugar de un mundo de lucha, necesitamos comenzar por sintonizar las historias que nos estamos contando a nosotros mismos ya que son ellas las que determinarán la calidad de las palabras que salgan de nuestra boca. Estas narrativas interiores pueden desarrollarse con rapidez. Nuestro jefe no nos saluda en la mañana y llegamos a la conclusión de que no está contento con el informe que le entregamos ayer. No obstante, tal vez simplemente está preocupado. Nuestros hijos se gritan el uno al otro y llegamos a la conclusión de que no tienen remedio. Estarán como perro y gato por el resto de sus vidas. Sin embargo, tal vez Dios quiere que nos resistamos a darnos por vencidos con ellos para poder ayudarlos a encontrar mejores maneras de relacionarse.

Cuando sientes que te estás incomodando, cuando la irritación comienza a aumentar, trata de preguntarte qué es exactamente lo que te está molestando. ¿Por qué te sientes tan molesto? Oblígate a detenerte y analizar qué está pasando en tu cabeza. ¿Estás reaccionando por egoísmo o por preocupación por otros? Es difícil contradecir el argumento de Paul Tripp de que «en el corazón de todo pecador está el deseo de que la vida fuera un centro turístico». Cuando busco las raíces de mi propia irritabilidad, a menudo descubro que surge de mis expectativas no cumplidas. Quiero que las cosas salgan de cierta manera. No quiero que nadie bambolee mi cómodo barco.

A veces, por supuesto, las raíces de nuestro descontento son más elementales. No surgen de ninguna historia en particular que nos estemos contando sino de algo mucho más simple. Estamos irritables porque estamos cansados, o nos duelen los pies, o pareciera que alguien nos martilló la cabeza. Es entonces cuando nuestro cerebro de reptil comienza a contribuir y hace que reaccionemos en defensa propia.

Y hablando de cerebros de reptil, quizá veas que reaccionas ante una provocación a la velocidad de la luz. Por ejemplo, quizá seas una persona que tiende a meterse en los conflictos en lugar de alejarse de ellos. Si eres como yo, tal vez te resulte difícil irte a otra habitación por unos momentos antes de responder. Hacer eso puede requerir un gran dominio propio, pero ¿acaso no es el dominio propio una parte del fruto del Espíritu Santo (Gálatas 5:22-23)? Si buscamos conformar nuestras vidas a Cristo, de seguro que el Espíritu nos dará la ayuda que necesitamos para crecer en el dominio propio.

Santiago les aconsejó a los creyentes: «Todos deben estar listos para escuchar, y ser lentos para hablar y para enojarse» (Santiago 1:19). Así es como la versión inglesa The Message parafrasea este pasaje: «Pongan esto en todas las intersecciones, queridos amigos: Guíen con los oídos, sigan con la lengua y dejen que la ira se quede rezagada atrás». ¡Qué gran imagen visual! Tal vez debiéramos poner este pasaje en el refrigerador, en el espejo del baño y en el tablero del auto. Si queremos aumentar el nivel de paz en nuestras vidas, necesitamos prestar atención a esta importante instrucción.

A menos que sea imperativo que intervengamos rápidamente, por lo general es sabio tratar de disminuir nuestro tiempo de reacción. Al hacerlo nos daremos la oportunidad de refrescarnos y de examinar las historias que nos estamos contando a nosotros mismos. Si podemos arreglárnoslas para esperar siquiera cinco minutos, a menudo responderemos con más calma y cuidado. Disminuir nuestro tiempo de respuesta también nos da espacio para escuchar la explicación de la otra persona sin que nuestra reacción emocional la distorsione. Incluso cuando nosotros echamos las cosas a perder, podemos aprender de nuestros errores, repasando la narrativa que estaba desarrollándose en nuestras mentes justo antes de que perdiéramos el control.

Paul Tripp nos ofrece otro ejemplo que puede guiar nuestra respuesta a aquellos que amamos: «Cuando estamos de vacaciones y los niños están discutiendo en el asiento de atrás, ¡algo más está sucediendo que el hecho de que se arruinen tus costosas vacaciones! La necesidad de restauración se está revelando. Uno puede responder a esta situación como un padre irritado o como un restaurador que quiere ser usado por el gran Restaurador... Dios te está llamando a algo más que la autocompasión. Te ha puesto en la posición de ser un restaurador». Necesitamos tener presente esta verdad a cada instante, ya sea que estemos teniendo unas palabras con nuestros hijos, nuestro cónyuge o nuestro jefe. Dios puede usar nuestras palabras para el beneficio de otros.

Aunque nuestras palabras a menudo ejercen más influencia de lo que pudiéramos imaginar, sin dudas no son todopoderosas. Uno de los errores más grandes que yo cometí en la crianza de los hijos fue esperar que mis palabras hicieran más que aquello para lo que estaban diseñadas. Déjame explicarte. Contrario a lo que nuestros hijos pudieran pensar, la mayoría de nosotros no se levanta en la mañana anhelando una oportunidad para disciplinarlos. Preferiríamos mucho más razonar con ellos, esperar que nuestras palabras sabias los persuadan a comportarse bien. Pero las palabras no siempre funcionan como queremos. A veces hablamos demasiado y hacemos muy poco.

Cuando estaba en la escuela intermedia mi madre nos despertaba a mi hermana y a mí con un beso y luego nos decía a cada una con voz tierna: «Cariño, es hora de levantarse». Pero las palabras amables rara vez garantizaban una mañana pacífica porque Sue y yo simplemente nos volteábamos para el otro lado y seguíamos durmiendo, confiadas en que luego de diez minutos ella nos gritaría desde abajo: «¡SUE! ¡ANN! ¡LEVÁNTENSE AHORA! ¡VAN A LLEGAR TARDE A LA ESCUELA!». Nuestras mañanas hubieran podido pasar de una forma más tranquila si mi madre simplemente nos hubiera dejado sufrir las consecuencias de llegar tarde un par de veces.

Ahora que lo pienso, yo hostigaba a mi hija cada mañana cuando estaba en primer grado porque se demoraba mucho para alistarse. Al finalizar ese curso, cuando se entregaron todos los premios, ella recibió uno por no haber llegado tarde nunca. ¡Yo estaba pasmada! ¿Mi hija recibía un premio por ser puntual? Era inconcebible. Yo quería pasar por en medio de todos los chicos de siete años que estaban presentes y agarrar el premio para mí. Después de todo, ¡era yo quien me lo merecía! Todos aquellos recordatorios y repeticiones, día tras día, habían sido muy estresantes. No es de extrañar que todavía a veces tenga que llevarla a la escuela. Aunque ella ahora está en la secundaria, mis millones de palabras, ya sean habladas con calma o gritadas por la frustración, todavía no han logrado que ella sea fiable para salir de la cama a tiempo para tomar el bus.

Aunque nuestras palabras pueden no lograr los resultados que deseamos, de todos modos tienen un gran poder, aunque ese poder a menudo se libera de manera accidental. Mi hábito de estar encima de mi hija de primer grado, por ejemplo, hacía que la mañana fuera más frustrante y estresante para toda la familia. Samuel Levenson señaló que la locura es hereditaria. «Uno la adquiere de sus hijos», dijo él. Yo estoy completamente de acuerdo, pero también tengo que estar de acuerdo con la persona que señaló que locura es hacer lo mismo una y otra vez y esperar que los resultados sean diferentes. Como señala Paul Tripp: «Un padre no debe tenerle tanto miedo a lo que le sucederá a su hijo que trate de hacer con palabras lo que solo Dios puede lograr con su gracia». Esperar demasiado de nuestras palabras puede traducirse en hostigar y gritar, ya sea a nuestros hijos o a otros.

En Colosenses 3:12 Pablo dice: «Por lo tanto, como escogidos de Dios, santos y amados, revístanse de afecto entrañable y de bondad, humildad, amabilidad y paciencia». Cuando se trata de nuestro hablar, Tripp apunta: «La gentileza no significa comprometer la verdad. Más bien significa impedir que la verdad quede comprometida por la rudeza y la insensibilidad».

Lashon hara es el término hebreo para «lenguaje malvado». Eso implica chisme, calumnia y palabras maliciosas. Hasta incluye decir algo verdadero que rebaje el estatus de la persona sobre quien se dice. Más que la mayoría de las personas, los judíos han llegado a entender cuánto un lenguaje cargado de maldad puede preparar el camino para atrocidades, en privado y en público. Para parafrasear un antiguo proverbio judío: «El chismoso se levanta en Nueva York y mata en Chicago». En verdad *lashon hara* es un lenguaje asesino. Si no mata a las personas, destruye su reputación. Peor todavía, afecta al menos a tres personas: la persona que lo dice, la que lo escucha y aquella de quien se dice.

Según la ética judía, unicamente se tiene permiso para decir algo negativo pero cierto de alguien es cuando la persona con la que uno habla necesita la información. Por ejemplo, uno puede revelarle algo negativo a una persona que piensa hacer negocios con alguien deshonesto o incompetente. O cuando quieres advertirle a alguien que corre el riesgo de algún daño o peligro. Por ejemplo, yo agradecí cuando una amiga me advirtió con relación al médico de cabecera que yo había escogido. Como enfermera, ella conocía la reputación de muchos consultorios médicos de la ciudad. Aunque no había escuchado nada negativo sobre mi médico, era ampliamente conocido que su socio era alcohólico. ¿Qué pasaría, me preguntó mi amiga, si yo tenía una emergencia médica y mi médico estaba fuera de la ciudad? Su socio sería el que tomaría las decisiones...

Incluso insinuar algo negativo sobre alguien está fuera de los límites. Como dicen los amish: «Benditos los que no tienen nada que decir y que no pueden ser persuadidos a decirlo». Aunque el chisme puede ser una manera divertida de pasar el tiempo, Joseph Telushkin señala que la razón principal por la que las personas chismean es para elevar su estatus al rebajar el de otra persona. Para explicar su punto de vista él plantea que las personas rara vez chismean sobre la señora que les limpia la casa. En cambio, hablan de sus equivalentes a nivel social o de los que son superiores a ellos porque el chisme es sobre todo un juego de estatus. Rebaja el estatus de alguien que está a tu nivel o por encima del tuyo, y tu propio estatus sube. Pero el chisme también te distancia de aquellos de quienes chismeas. Hasta los amigos pudieran comenzar a preguntarse lo que estás diciendo de ellos a sus espaldas.

A veces hablamos mal de otros que nos han herido u ofendido no porque estemos jugando el juego del estatus, sino porque tememos confrontarlos directamente. Así que nos vengamos de manera indirecta al difundir cosas negativas sobre ellos. En tales casos es muy probable que estemos desahogándonos con personas que no pueden hacer nada para ayudarnos a resolver el problema. Necesitamos lidiar directamente con la persona que causó el problema, asumiendo, por supuesto, que es seguro hacerlo. De lo contrario, sería como confiarle tus síntomas a un electricista cada vez que te sientas enfermo. Aunque él te pueda escuchar con compasión, no puede hacer nada para ayudarte.

En ocasiones cada uno de nosotros tendrá la obligación de corregir a otros: nuestros hijos, nuestros alumnos, un amigo que va por el rumbo equivocado. Pero cuando sea necesario criticar, esfuérzate todo lo que puedas para hacerlo de manera amable, considerada y en privado. Joseph Telushkin dice que nuestra meta debiera ser «encontrar una manera de criticar que inflija el menor dolor posible y que haga el mayor bien posible».

Antes de hablar, dice él, debes preguntarte cómo te sientes al criticar. ¿Te produce placer o dolor? «Si te das cuenta de que una parte de ti saborea el hablar abiertamente, tal vez no debieras», dice él. «La falta de sinceridad de tu preocupación, tu placer al ver la incomodidad de tu víctima, y tu deseo de herir a alguien con quien quizás estés enojado tal vez sea evidente. Como resultado, tu oyente reaccionará a la defensiva y es muy poco probable que cambie». La crítica guiada por el amor y la preocupación es más dada a ser recibida de manera positiva.

Al discutir un problema con alguien a menudo lo mejor es ser franco, hablarle directamente a la persona acerca del problema. Pero en ocasiones se necesita otro método más creativo. Si oramos por una interacción difícil, Dios puede inspirarnos con una manera única y eficaz para lidiar con el asunto. Telushkin cuenta una historia encantadora sobre un rabino del siglo diecinueve que encontró una manera creativa de lidiar con una situación difícil. Un día el rabino decidió llegar a la casa del gerente de un banco que era muy rico. Cuando condujeron al rabino al interior de la casa del hombre, este se sentó sin decir una palabra y siguió allí sentado durante algún rato sin decir nada. Por fin el rabino se levantó para irse. Consternado por el silencio de su visitante, el gerente del banco le preguntó el motivo de su visita. El rabino le explicó que los sabios judíos enseñaban que así como a uno se le mandaba a decir lo que sería escuchado, también se le mandaba a *no* decir lo que no sería escuchado.

—Ahora bien, si yo me quedo en mi casa y usted se queda en la suya, yo no puedo contenerme de decirle aquello que usted no escuchará. Así que tuve que venir a su casa para privarme de decirlo.

La curiosidad del banquero aumentó y lo presionó, pidiéndole que por favor le dijera lo que fuera que él estaba refrenándose de decir. Por fin el rabino aflojó.

—Muy bien —le dijo—. Cierta viuda pobre le debe a su banco una suma grande de dinero por la hipoteca de su casa. En unos pocos días su banco va a poner la casa en venta pública y ella quedará en la calle. Yo había querido pedirle que pasara por alto la deuda, pero no lo hice porque sabía que usted no escucharía.

Asombrado el banquero exclamó:

—Pero, ¿y qué espera usted que yo haga? Seguro que se da cuenta de que la deuda no me la debe a mí a nivel personal, sino al banco y yo solo soy el gerente, y no el dueño, y la deuda es de varios cientos y si...

—Es exactamente como he dicho siempre —contestó el rabino—, que usted no escucharía.

Y entonces se fue de la casa del gerente.

Incapaz de sacarse las palabras del rabino de su corazón, el gerente del banco por fin se ablandó y decidió pagar la deuda de la viuda de su propio bolsillo.

La única cosa más difícil que criticar a otros con bondad y sensibilidad es recibir bien la crítica nosotros mismos. Este verano alguien que no conocía hizo una dura crítica sobre una situación con la que yo estaba lidiando, luego de hablar conmigo por unos dos minutos. Ella no me conocía, nunca antes me había visto, pero se sentía calificada para juzgar. Sus palabras me sorprendieron, pero tomé la decisión consciente de permanecer calmada. Le di las gracias por su punto de vista y luego hablé de ello con algunas amigas íntimas y les expliqué que quería intentar aprender de la crítica. ¿Creían que estaba en lo cierto? Confieso que me alivió descubrir que no lo creían, pero en verdad yo quería estar abierta a la perspectiva de la mujer porque he llegado a entender que toda verdad, independientemente de cómo se diga, hay que atesorarla.

Si eso me hubiera pasado hace veinte años, mi respuesta hubiera sido muy diferente. Me hubiera sentido herida y enojada, y enseguida me hubiera puesto a la defensiva. Aunque no me gustan las críticas, al igual que a todo el mundo, he aprendido que Dios puede usar incluso las palabras torcidas para comunicarme una verdad porque a veces la persona a quien veo como mi adversario es el maestro de quien más necesito aprender. También sé que estoy tan quebrantada y que necesito tanta gracia como cualquiera. Ya que Dios me ama, también sé que él obra en todas las circunstancias para mi bien. Si ya he reconocido mi quebrantamiento, no tengo que protegerme cuando alguien señale una de mis muchas imperfecciones.

Cuando se trata de las palabras que hablamos, algunos hemos caído en una trampa perjudicial. En lugar de guiarnos por nuestra fe cristiana, lo hacemos por la cultura popular que parece haber olvidado cómo hablar de manera cortés. Como ciertos expertos en radio y televisión, hemos adoptado narrativas que presentan a los partidos políticos y a los políticos en sí como malos, interesados e indiferentes. A todo el que se opone a nuestro punto de vista político lo echamos en la misma bolsa, y usamos toda oportunidad para vilipendiarlos. En lugar de dejar que el Espíritu de Dios moldee nuestros corazones y actitudes, modelamos nuestra manera de hablar según cómo los medios hablan de las personas. ¿Por qué recurrimos a tales tácticas y en ocasiones nos volvemos adictos a sentimientos de justa indignación y rabia? Porque es útil, al menos a corto plazo.

La rabia puede esconder la desilusión que sentimos ante nuestras propias circunstancias. Y puede fortalecernos cuando de lo contrario nos sentiríamos vulnerables, incapaces de controlar los sucesos que nos impactan. Pero este tipo de ira, que puede extenderse a nuestro ambiente de trabajo, nuestra iglesia y nuestra familia, nos distancia de los demás, incluso de aquellos que de lo contrario compartirían nuestro punto de vista. Estar cerca de una persona que siempre está enojada, incluso si su enojo no es con nosotros, es como estar junto a alguien que arroja puñados de basura. Nos embarramos solo con estar cerca.

¿Cómo podemos empezar a dominar el poder de nuestras lenguas? Pablo les dice a los efesios que «si se enojan, no pequen» (Efesios 4:26). Pablo sabe que todos nos enojamos. Y a veces está bien enojarnos. Pero, ¿cómo podemos enojarnos sin pecar? Unas pocas cosas muy simples nos ayudarán. Ya hemos hablado de responder de manera más lenta a situaciones que nos provocan. Cierra la puerta, sal a caminar, respira profundo y exhala. Trata de calmarte y luego responde.

También podemos evitar exagerar la ofensa de otra persona. Cuando uno está enojado es fácil perder la perspectiva y hacer lucir a la persona que te ha herido de la peor manera posible. Pero si yo te digo que eres un vago desconsiderado, no es muy probable que respondas: «Sí querida, entiendo lo que dices. En realidad necesito tratarte con mayor consideración». En cambio, es muy probable que te pongas enojado y a la defensiva, y que eso alimente la discusión. La ira puede hacernos olvidar la meta. Nos volvemos mucho más interesados en hacer daño que en resolver los problemas.

Siempre que sea posible, debemos tratar de *explicar* y no de *acusar*. Por ejemplo, en lugar de juzgar al decir: «Eres tan egoísta, nunca piensas en mí sino solo en lo que tú quieres», pudieras explicar cómo las palabras y acciones de tu cónyuge te han afectado. «Cuando tomas decisiones sin consultarme, me haces sentir como si no te importara lo que pienso». Las acusaciones por lo general aumentan el enojo, mientras que las explicaciones ayudan a cercarlo.

La ira es como el agua que se mete en la casa y se extiende de una habitación a otra. La filtración puede haber comenzado por el techo, pero cuando te das cuenta hay agua acumulada en la sala. A menos que te ocupes del problema rápidamente, el daño a tu casa será devastador.

De la misma manera, la ira tiende a inundar cada esfera de una relación. Esto sucede cuando permitimos que el enojo por una cosa nos enoje por otras. Una esposa, por ejemplo, pudiera hablar mal de su esposo en público. Cuando llegan a la casa, el esposo le dice cuánto le enojaron sus comentarios. Hasta ese momento esa reacción es razonable, pero el esposo está tan enojado que pasa rápidamente a otra cosa que lo ha estado molestando. «Eres igualita a tu papá. El hombre nunca tiene una palabra amable para nadie», le dice. «Ahora que lo pienso, no hay nadie agradable en tu familia».

Tal vez el esposo sí tiene un problema con los suegros, pero si saca el asunto ahora, cuando ya está enojado, el tema en cuestión no se resolverá y lo que comenzó como una escaramuza terminará en una guerra. Joseph Telushkin sabiamente aconseja que limitemos la expresión de nuestro enojo al incidente que lo provocó. Si nos concentramos en el problema que nos atañe, sin tener en cuenta la reacción de la otra persona, podemos evitar que nuestra ira se difunda y nos haga decir cosas de las que luego nos arrepentiremos. Si hay otros problemas en una relación, necesitas lidiar con ellos por separado, en otro momento.

Proverbios 12:18 dice: «El charlatán hiere con la lengua como con una espada, pero la lengua del sabio brinda alivio». ¿Cómo pueden nuestras palabras producir sanidad y ayuda? ¿Cómo pueden dar aliento y fortaleza en lugar de problemas y dificultades?

Una amiga mía abrió una anualidad para su hijo cuando este era muy pequeño que se supone que le rinda una cantidad sustanciosa de dinero cuando él llegue a la edad de retiro. Qué gran legado para un hijo, liberándolo así de la ansiedad de si sus ahorros serán suficientes para mantenerlo cuando esté listo para retirarse. ¿Qué tal si tuviéramos la posibilidad de hacer algo similar para nuestros propios hijos? Sin importar el tamaño de nuestras cuentas bancarias, sí tenemos esa posibilidad.

Mi padre no fue un hombre que siempre hablara de manera positiva, pero algo que me dijo de pequeña no se me ha olvidado nunca y ha ayudado a moldear el curso de mi vida. «Cuando crezcas puedes hacer cualquier cosa que quieras». Yo sabía que él me estaba diciendo que pensaba que yo tendría éxito en la vida. Su confianza en mí me ha sacado a flote en muchos desafíos. De la misma manera podemos buscar oportunidades para encontrar algo que merite elogiar, especialmente en aquellos más cercanos a nosotros.

Art Buchwald cuenta una historia encantadora sobre un amigo en Nueva York que tenía una campaña unipersonal para dar ánimo. Un día Buchwald iba en un taxi con su amigo. Cuando llegaron a su destino, el amigo se viró hacia el chofer y le dijo: «Muchas gracias por traernos. Usted hizo un trabajo excelente manejando».

Al observar el asombro del chofer por el elogio, Buchwald le preguntó a su amigo qué se traía entre manos.

—Estoy tratando de traer de vuelta el amor a Nueva York —le anunció—. Creo que es la única cosa que puede salvar la ciudad.

—¿Cómo puede un solo hombre salvar a Nueva York? —preguntó Buchwald.

—No es un solo hombre. Yo creo que le alegré el día al taxista. Imagínate que tenga veinte viajes. Él va a ser agradable con esos veinte pasajeros porque alguien fue agradable con él. Esos pasajeros a cambio serán más agradables con sus empleados, o con los dependientes o los meseros, o incluso con sus propias familias. Al final la buena voluntad pudiera expandirse al menos a mil personas.

—Pero estás dependiendo de que el taxista le transmita a otros tu buena voluntad —objetó Buchwald.

—Estoy consciente de que el sistema no está a toda prueba —replicó su amigo—, así que quizá hoy yo trate con diez personas diferentes. Si de las diez puedo hacer feliz a tres, entonces con el tiempo podré, indirectamente, influir en las actitudes de tres mil personas.

Mientras los dos hombres caminaban por la calle, su amigo felicitó a un grupo de constructores por la calidad de su trabajo, pero la campaña no terminó allí.

—Acabas de guiñarle el ojo a toda mujer común y corriente —señaló Buchwald mientras seguían caminando.

—Sí, lo sé. Y si es una maestra, su clase hoy tendrá un día fantástico.

La historia de Buchwald encanta y divierte, pero también ilumina. Percibimos que su amigo tiene la razón porque nosotros, también, hemos sido animados por extraños que nos trataron con una cortesía o bondad poco comunes. ¿No sería maravilloso comenzar nuestra propia campaña de ánimo y extenderla no solo a los extraños sino a las personas que conocemos mejor, en nuestras familias, iglesias y centros de trabajo?

Aprender a crear paz con nuestra lengua es un desafío para toda la vida, uno que pocos lograremos dominar alguna vez. Sin embargo, eso no debiera impedir que lo intentemos. Un cristiano del siglo cuarto llamado Juan de Antioquía, recibió el sobrenombre *Crisóstomo* por su elocuente predicación. La historia lo conoce como San Juan Crisóstomo, un nombre que significa «lengua dorada». Ojalá que nosotros desarrollemos lenguas doradas, que usemos nuestras bocas para reflejar la verdad y el amor de Dios a un mundo que necesita su paz.

Hasta ahora nos hemos concentrado en nuestra búsqueda de paz personal. Pero la paz que descubrimos debe compartirse. ¿Qué significa llevar esa paz con nosotros en nuestras vidas cotidianas? ¿Y qué si nuestros esfuerzos para producir la paz y difundirla encuentran resistencia? ¿Qué tal si hacer la paz resulta cualquier cosa menos apacible?

EN BUSCA DE LA PAZ

1. Paul Tripp dice que perdemos el control de la lengua no por los *hechos* de una situación, sino por la manera en que *interpretamos* los mismos. Piensa en una ocasión en que esto te sucedió. Describe una interpretación alternativa que pudiera haber sido más precisa y más eficaz para ayudarte a controlar tu manera de hablar.

2. Describe un ejemplo del pasado reciente en que reaccionaste ante alguien con demasiada rapidez. ¿Cómo pudieras haber retardado tu respuesta a fin de reaccionar con más calma y más visión?

3. ¿Qué crees que quiso decir Paul Tripp cuando dijo: «Un padre no debe tenerle tanto miedo a lo que le sucederá a su hijo que trate de hacer con palabras lo que solo Dios puede lograr con su gracia» (191-192).

4. Según la ética judía, uno nunca puede decir algo negativo, aunque sea verdad, de una persona a menos que la información la necesite la persona con quien uno está hablando. ¿Cómo cambiarían tus relaciones con tu familia, amigos y colegas si obedecieras a esta instrucción?

5. Joseph Telushkin dice que el chisme es más que nada un juego de estatus. ¿Cómo se corresponde esto con tus propias observaciones?

6. ¿Cuál crees tú que es la mejor manera de hacer una crítica necesaria? ¿Alguna vez alguien ha hecho esto contigo? Si ese es el caso, ¿cuál fue el resultado?

7. Describe maneras en las que has aprendido a llevar sanidad y ánimo mediante las palabras que dices.

CAPÍTULO ONCE

PAZ TURBULENTA

Pedro y los demás discípulos estaban amontonados detrás de una puerta bien cerrada contra su temor. Él se preguntaba si los líderes religiosos que habían crucificado a Jesús hacía dos días vendrían pronto por él. Pero en lugar del terror y el desánimo que lo había llenado durante los dos últimos días, Pedro sentía una sensación de calma cada vez mayor. No podía impedir que las palabras de su amado maestro inundaran su mente: *La paz les dejo; mi paz les doy... No se angustien ni se acobarden.* ¿Por qué, se preguntaba Pedro, su maestro habló de paz en la noche más desastrosa de su vida? ¿Y qué del consejo que le dio a la multitud: *Dichosos los que trabajan por la paz, porque serán llamados hijos de Dios*? Ahora todo el mundo podría ver exactamente lo que les sucede a los pacificadores.

Sin embargo, Pedro había estado en la tumba esa mañana. Él había visto las tiras de lino en el suelo. Se había encontrado al Señor resucitado. Ahora acababan de llegar hombres de Emaús diciendo que ellos también habían visto al Señor. El lugar hervía con las noticias cuando de pronto notó un cambio en el ambiente. Una nueva energía había llegado a la habitación. Se dio la vuelta y vio a Jesús parado allí, con una sonrisa que iluminaba su rostro. Parecía tan calmado, como si saludara a sus amigos al regresar de un viaje al mercado. «La paz sea con ustedes», dijo el Señor. Entonces extendió sus manos e invitó a Pedro y a los demás discípulos a que examinaran sus heridas. Ellos solo se quedaron mirándolo fijamente. Por fin él pidió comida. Verle comer aquel pedazo de pescado hervido llenó a Pedro de asombro.

Entonces Jesús lo dijo de nuevo: «¡La paz sea con ustedes! Como el Padre me envió a mí, así yo los envío a ustedes».

Cuando se trata de encontrar la paz que Dios promete, hay una trampa. La paz que descubrimos no es para que nos quedemos con ella y la acaparemos. Cada uno de nosotros ha sido llamado a compartir la paz de Dios con otros, así como Cristo la ha compartido con nosotros. Pero el precio es alto. ¿Y por qué no debiera serlo? La verdadera paz vira al revés el estatus quo. Amenaza el equilibrio de nuestro mundo disfuncional. Involucra principados y potestades que se oponen mortalmente al evangelio de paz. Ser un pacificador es tal vez la tarea más ingrata y difícil en el mundo.

Piensa en Pedro. La tradición dice que lo crucificaron con la cabeza hacia abajo y que murió en Roma.

Se piensa que Pablo sufrió el martirio por la misma época. La tradición indica que fue decapitado en Roma.

Santiago, el hijo de Zebedeo, fue asesinado por Herodes Agripa unos once años después de la muerte de Cristo. Eso se registra en Hechos 12.

Santiago, el hijo de Alfeo, fue lanzado del templo, apedreado y luego lo golpearon en la cabeza con un garrote.

En general, se cree que ocho de los doce apóstoles fueron martirizados.

La paz que Cristo ganó por nosotros y la paz que compartimos con otros es costosa. Sobre todo porque consiste en difundir el evangelio. Las buenas nuevas de Jesucristo transforman al mundo una persona a la vez. Aunque puede que muy pocos de nosotros suframos martirio, todos somos llamados a confiar en Cristo y a seguirle dondequiera que él nos lleve. ¿Cómo nos convertimos en los pacificadores de los que Cristo habló? ¿Cómo llevamos su paz a nuestras vidas diarias y la extendemos a otros?

La mejor manera es sencillamente dejando que el Espíritu de Cristo more en nosotros. Eso lo hacemos al abrirnos a Dios en oración y al hacernos obedientes. Aunque quizá no siempre sintamos la presencia del Espíritu, podemos estar seguros de que Dios no nos ha abandonado. Si ya hemos dado el paso gigante de creer que Jesús es Dios y que murió y resucitó, sería tonto no dar el paso más pequeño de creer que él dijo lo que quiso decir cuando les dijo a sus discípulos: «Y les aseguro que estaré con ustedes siempre, hasta el fin del mundo» (Mateo 28:20).

¿Recuerdas la escena en los evangelios cuando Jesús está durmiendo en la popa del bote mientras que sus discípulos batallaban ansiosos contra una furiosa tormenta? «¡Maestro! —gritaron—, ¿no te importa que nos ahoguemos?» (Marcos 4:38). Pero en lugar de compartir el pánico de ellos, Jesús simplemente se levantó, reprendió al viento y las olas, y luego se volvió a los discípulos con una mirada curiosa y una pregunta directa: ¿Qué le ha pasado a su fe?

Al igual que aquellos hombres asustados, nuestra propia fe puede verse maltratada por cada ataque del viento y las olas. ¿Dónde está Dios? ¿Está dormido? ¿Preocupado? ¿No le importamos? A todas estas preguntas y más la respuesta, por supuesto, es que Dios sigue estando con nosotros. Él sigue estando en el bote. «Estaré con ustedes siempre», dijo Jesús (Mateo 28:20). Y «siempre» significa «siempre», ya sea que sintamos su presencia o no.

Al comienzo de su preparación en el seminario muchos futuros pastores aprenden una frase curiosa. Sus profesores les enseñan que ellos están llamados a ser una «presencia no ansiosa», es decir, la persona que mantiene una presencia tranquila cuando todo el mundo a su alrededor está perdiendo el control. Cuando un niño ha muerto, cuando una pareja está a punto del divorcio, cuando alguien está desalentado, cuando la iglesia amenaza con dividirse, ellos deben estar presentes de una manera que reoriente la atmósfera emocional y espiritual. El liderazgo de ellos puede marcar toda la diferencia, pero por supuesto, es más fácil decirlo que hacerlo.

Edwin Friedman fue un rabino ordenado, un consejero de sistemas familiares y un consultor de liderazgo que se enfocaba en el liderazgo no como un sistema o técnica, sino como una manera de pensar y de ser. Él definía la presencia como «el rasgo de confianza, aplomo, compostura, serenidad, enfoque y energía que uno deja donde quiera que va... La presencia tiene mucho que ver con la madurez emocional, la disposición a asumir la responsabilidad por el ser emocional y el destino de uno mismo». Sin «presencia» una persona no puede dirigir. Incluso si no ocupas una posición de liderazgo, aprender a mantener una «presencia no ansiosa» puede ayudarte a producir paz en otros, ya sea en el centro de trabajo, en la iglesia o en el hogar.

En lugar de quedar atrapados en la atmósfera emocional, de ser absorbidos por la frustración, el temor o la ira que pudieran arremolinarse a su alrededor, las personas maduras pueden mantener su equilibrio. Tienden a resolver los problemas no al tratar de arreglar a otros, sino al enfocarse en cómo pueden mejorar ellos mismos. Por ejemplo, en lugar de instruir a las personas para que «conserven la calma» en una situación difícil, concentran su energía en permanecer calmados ellos mismos. Un líder así al timón de una organización puede cambiar las cosas.

Según Friedman, la tarea de los líderes maduros es dar más de sí mismos en el centro de trabajo. Al hacerlo, pueden ayudar a otros miembros de la organización a crecer en madurez. Esto lo hacen al permanecer calmados, al mantener su relación con las personas claves en la organización y al desafiar a aquellos a quienes lideran cada vez que sea adecuado hacerlo.

Friedman creía que los líderes más eficaces, ya sea en el hogar o en el trabajo, se adaptan a la fortaleza y no a la debilidad. En lugar de remodelar la organización como reacción a sus miembros más débiles —los quejosos crónicos, los de poco rendimiento, y los que son demasiado dependientes—, ellos pueden tolerar cierto nivel de dolor en otros porque saben que eso representa una oportunidad para que las personas crezcan. «Si un miembro de la familia puede *aumentar* su umbral ante el dolor de otro», comentaba él, «el umbral de la otra persona también aumentará y así se expandirá su rango de funcionamiento».

¿Cómo se aplica esto a nuestras propias vidas? Si has sido padre o madre siquiera durante cinco minutos sabes qué fácil es ceder al hijo que lloriquea más alto o que se queja más. Pero la crianza eficaz significa que tenemos que soportar más nuestra propia incomodidad al mismo tiempo que permitimos que nuestros hijos experimenten ellos mismos cierto nivel de incomodidad. Tenemos que hacer lo correcto para nuestros hijos a pesar de cuán incómoda nos resulte su resistencia. Así que, por ejemplo, si un hijo está ayudando en la casa mientras que otro nunca quiera levantar un dedo, uno no deja que el segundo hijo quede libre de responsabilidades al hacerle su trabajo o pasarle la carga al hermano que trabaja sin quejarse. Poder actuar de la manera correcta al tiempo que uno permanece calmado aumentará nuestra eficacia como padres. Incluso si no nos sentimos tranquilos, a veces podemos pretender estarlo y así aumentamos la posibilidad de resultados positivos ahora y en el futuro.

Pero, ¿acaso no debieran los buenos padres y los líderes eficaces ser comprensivos, capaces de relacionarse con las debilidades de las personas así como con sus puntos fuertes? En realidad, Friedman creía que la empatía es la manera menos eficaz de mejorar una familia u organización.

¿Por qué? Porque la empatía es una adaptación a la debilidad. Friedman no defendía estilos de liderazgos fríos ni desconectados. Él sabía que la tarea doble de un líder era mantener un sentido de calma *al tiempo* que permanecía conectado con los demás en la organización. Él no estaba aconsejando a los líderes que se distanciaran de otros. Al contrario. Su idea era que demasiada empatía impide el crecimiento.

¿Qué tiene esto que ver con Jesús o con nosotros? Una mirada a cómo los evangelios muestran a Jesús revela que, en esencia, él era un hombre de paz. Dormir en el bote en medio de una tormenta, alimentar a cinco mil personas con unos pocos panes, devolverle la vida a una chica a pesar de las burlas de los que pensaban que no se podía lograr. Jesús era a menudo la persona pacífica en la habitación. También era él quien constantemente desafiaba a sus discípulos a vivir vidas con mayor madurez. Recuerda que Jesús no les prometió a sus discípulos una vida fácil. «En este mundo afrontarán aflicciones, pero ¡anímense! Yo he vencido al mundo» (Juan 16:33).

La paz que cuenta, la paz que es verdadera, es la paz que emana de nuestra relación con Cristo y no del hecho de que nuestras circunstancias en cualquier momento sean favorables o agradables. A medida que crecemos en semejanza a él y somos transformados por su Espíritu, comenzamos a experimentar su paz en mayor medida.

¿Cómo se aplica a nuestras vidas el énfasis de Friedman de convertirnos en una presencia (relativamente) no ansiosa? Permíteme poner un ejemplo personal. Tal vez recuerdes que lo me llevó a escribir este libro fue mi sensación de que mis peores interacciones, sobre todo con mis hijas, eran creadas por mi ansiedad. Yo quería encontrar una manera de relacionarme con ellas con más paz y menos estrés. Cuando comencé a aprender de la obra de Friedman, empecé a preguntarme cómo sería nuestra familia si de manera habitual yo pudiera mostrar el tipo de presencia no ansiosa que él describe. ¿Qué tal si yo dejaba de reaccionar de forma exagerada ante las emociones de mis hijas, y en cambio buscaba una manera de permanecer vitalmente relacionada con ellas mientras mantengo un sentido de calma? Tal vez podría, como aboga él, aprender a «delegar la ansiedad» al dejarles a ellas la responsabilidad adecuada.

Por ejemplo, en lugar de hostigar a mi hija con la tarea, yo podría simplemente señalar que la decisión de hacer o no la tarea era de ella, así como las consecuencias subsiguientes si ella decidía no hacerla. He probado ese método y estoy feliz de decir que a menudo funciona. Pudiera parecer algo simple, pero ese sencillo acto de delegar ha reducido la tensión en nuestra casa.

La descripción de Friedman me dio un blanco al cual apuntar y algunas herramientas para ser menos ansiosa. Aprender más sobre su obra también me hizo preguntarme si estaba exagerando en el departamento de la compresión, adaptándome más a las debilidades de mis hijas que a sus puntos fuertes. Ahora que reconozco el patrón estoy esforzándome para retirarme un poco y que mis hijas puedan avanzar.

Como señala Friedman, a veces la manera más eficaz de dirigir puede ser al decidir que *no* vamos a satisfacer las necesidades de otra persona. Intentar satisfacer cada necesidad es una fórmula para tener ansiedad porque ninguno de nosotros puede satisfacer cada necesidad a la perfección. Dichos esfuerzos mal encaminados solo crean más ansiedad porque profundizan la dependencia, impidiendo que otros se alcen con éxito a los desafíos que enfrentan. Por supuesto, esta dinámica se cumple también en nuestras vidas espirituales. Dios nos permite enfrentar ciertos desafíos porque sabe que es de la única manera que creceremos.

Como alguien que ha sido tanto madre como gerente de negocios que ha trabajado en escenarios que van de moderadamente saludables a completamente disfuncionales, sé que a menudo es mucho más fácil mantener una presencia no ansiosa en el trabajo que en la casa. En la casa es donde más invertimos. Queremos que nuestros hijos florezcan, que a nuestros cónyuges les vaya bien. Es fácil ponernos ansiosos y frustrados cuando surgen los problemas. El hogar también es el lugar donde revelamos quiénes somos y dejamos a un lado todo lo que disimulamos en público. Pudiera ser más fácil mantener la calma en un lugar donde todo el mundo está tratando de hacer lo mismo. Las relaciones familiares también pueden ser enredadas y complejas, lo que añade a la tensión que sentimos.

A veces permanecer calmados en presencia de otros que no lo están pudiera parecer imposible. Así fue como una mujer lidió con su propia ansiedad mientras trataba de ayudar a una familia en crisis. Amy Butler había pasado un día lleno de ansiedad en el hospital con unos padres cuyo hijo había muerto en el útero. Ahora ellos esperaban que hicieran el parto de su hijo. Ella se negaba a irse a pesar de su incapacidad para aliviar de alguna manera el sufrimiento de ellos, y cuenta qué fue lo que sucedió cuando pudo sostener en sus brazos al bebé poco después de que naciera: «Ayer por fin sentí que mi presencia pastoral ansiosa se tranquilizaba cuando pude cargar en mis brazos a ese bebé acabado de nacer. Era un hombrecito pequeño, perfectamente formado, envuelto en una colcha, cálido y firme en mis brazos. Después de horas de una ansiosa espera, en aquel momento no me sentí nada ansiosa... solo la calmada seguridad de que este bebé sin dudas es amado por Dios y por sus padres. Por raro que parezca, mientras llorábamos y orábamos y le decíamos adiós, a mí me pareció que todos los que estábamos alrededor de aquella cama de hospital habíamos tropezado de manera inesperada con un momento santo, un oasis de gracia, una *presencia no ansiosa* envolvente, verdadera, casi tangible.

»Después de esta semana de oportunidades conmovedoras para tratar de ser una *presencia no ansiosa* en situaciones que me ponen al borde de un ataque de tan solo pensar en ellas», señaló, «estoy comenzando a sospechar que esta *presencia no ansiosa* que aprendemos en el seminario no es para nada la presencia del pastor. Me puse a pensar que nuestra tarea como pastores no debe ser necesariamente SER la presencia no ansiosa, sino RECIBIR a esa presencia no ansiosa justo porque cuando entramos en situaciones así *estamos* muy ansiosos. La mayoría de las veces lo mejor que damos es la expectativa de la presencia pastoral de Dios *no ansiosa,* no la nuestra».

La historia de Amy Butler sirve de ánimo para todos, pero especialmente para aquellos de nosotros a quienes nos resulta difícil mantener la calma en las circunstancias difíciles. Una vez más, permanecer vitalmente conectados a Cristo no solo aumentará nuestra paz, sino que nos ayudará a convertirnos en canales mediante los cuales esa paz puede difundirse a otros.

Hace unos años, cuando mi padre estaba en cama muriendo, yo oraba para estar presente junto a su lecho en el momento de su muerte. Dios amablemente respondió esa oración y me permitió entrar a la sala de hospital donde él estaba sesenta segundos antes de que muriera, tiempo suficiente para susurrar en sus oídos el Padre Nuestro. Mi madre y hermanos también estaban presentes. Nunca olvidaré el momento de su muerte porque fue uno de los más tranquilos de mi vida. No obstante, como sabe todo aquel que la ha experimentado de cerca, la muerte a menudo puede ser fea y discordante. Mi padre estaba conectado a máquinas y lucía delgado y demacrado por su larga lucha con la enfermedad. Por lo general un cuadro así inspiraría repulsión y no paz. Pero Dios estaba tan presente en aquella habitación que yo no quería irme. Su paz era palpable.

Jesús, por supuesto, no estaba ajeno a situaciones ansiosas. En ocasiones él parecía provocarlas. ¿Por qué, si él era un hombre de paz, su vida generó tanta turbulencia? El Evangelio de Mateo cuenta un momento crucial en el ministerio de Jesús. Fue cuando llamó a sus doce discípulos «y les dio autoridad para expulsar a los espíritus malignos y sanar toda enfermedad y toda dolencia» (Mateo 10:1). ¡Qué día tan increíble debe haber sido para aquellos doce hombres! Esto era lo que ellos habían estado esperando, la acción dramática que inauguraría el reino venidero. Cuando Jesús ocupara su lugar legítimo en el trono, ellos serían elevados a puestos de poder en su reino. ¡Sin duda era el momento de destapar el champán!

Pero Jesús dijo algo diferente. Él no los estaba enviando a una fiesta ni a un desfile de victoria. En cambio los enviaba como ovejas en medio de lobos. Un hermano traicionaría a otro hermano, los padres se pondrían en contra de los hijos, y los hijos se rebelarían contra los padres. Cualquier semblanza de paz sería destruida. Él dijo: «No crean que he venido a traer paz a la tierra. No vine a traer paz sino espada» (Mateo 10:34). Jesús se negaba a hacer la paz con el status quo. Él no disimularía las enfermedades del mundo. En cambio, su intención era derrocar el reino del pecado y la muerte para restaurar el mundo para Dios. Su misión entonces y ahora es traer nada menos que la verdadera *shalom* para aquellos que le pertenecen.

¡No es de extrañar que haya una feroz oposición al evangelio! Es por eso que aquellos que llevan su nombre deben también esperar turbulencia. Al prometer a sus discípulos que por su alianza con él los odiarían, Jesús les recordó que «el discípulo no es superior a su maestro, ni el siervo superior a su amo» (Mateo 10:24). Sin embargo, los que perdieran su vida por amor a él, les dijo, serían los que encontrarían la vida.

Esta semana escuché una historia sobre una abogada a la que llamaré Elena Sánchez. Ella trabaja como consultora para AJS, una agencia de derechos humanos cristiana en Honduras cuyo objetivo principal es garantizar la justicia para las personas que no pueden hacerlo por sí mismas. En octubre de 2010, Sánchez fue secuestrada y llevada por la fuerza en un taxi por dos hombres que le dijeron que los contrataron para ejecutarla. Una y otra vez la interrogaban:

«¿Quién te paga?»

«¿Tú trabajas para AJS?»

«¿Estás investigando a SETECH?»

En realidad, Sánchez no estaba enfocada en esta firma privada en el curso de su investigación. Lo que había estado haciendo era examinando alegatos de que varias agencias del gobierno relacionadas con la industria privada eran cómplices en la violación sistemática de los derechos de los empleados.

Semanas antes, un hombre empleado por el Ministro del Trabajo le había hecho la misma pregunta: ¿Estaba ella investigando a SETECH? Aunque Sánchez le aseguró que su investigación no se enfocaba en ninguna empresa, el hombre insistió diciéndole: «Párate y mira a la calle. Allí es donde siempre tomas un taxi cuando sales de aquí, y sería muy fácil acabar contigo con solo unos balazos. No creo que te gustaría acabar tirada en un matorral».

Ahora iba en un taxi con dos matones que amenazaban con asesinarla. Cuando se negó a responder sus preguntas, uno de ellos espetó un epíteto muy vulgar y le dijo: «Te estamos haciendo una pregunta, respóndela». Consciente de que otro abogado había sido abatido a tiros cuatro años antes en medio de un caso que sí involucraba a SETECH, Sánchez estaba aterrorizada. Ella oraba fervientemente que los hombres la liberaran.

Entonces sucedió algo extraño. De repente los dos hombres estaban horrorizados y decían que no podían mover las manos. Incapaces de explicar lo que estaba sucediendo, le dijeron al taxista que cambiara la ruta. Cuarenta minutos después de obligarla a entrar al taxi, los hombres de pronto mandaron al taxista que se detuviera frente a una ferretería. Luego le dijeron a Sánchez: «Bájate y que Dios te proteja».

Sánchez todavía corre peligro, razón por la cual no puedo usar su nombre verdadero en este relato, pero te garantizo que su historia es real. ¿Cómo lo sé? La escuché directamente de alguien que trabaja para AJS en Honduras, un hombre en quien yo confío. Él y sus colegas hondureños han tomado muy en serio las palabras del profeta Miqueas: «¡Ya se te ha declarado lo que es bueno! Ya se te ha dicho lo que de ti espera el SEÑOR: Practicar la justicia, amar la misericordia, y humillarte ante tu Dios» (Miqueas 6:8). Ellos conocen la verdad del refrán que dice: «Lo único que se necesita para que el mal triunfe es que los hombres y mujeres buenos no hagan nada».

Hemos sido llamados a usar la sabiduría y a ser guiados por el Espíritu Santo en todos nuestros empeños. No es bueno remover cada avispero que nos encontremos, pero si el Señor nos llama a un ministerio en particular, necesitamos seguir adelante con fe. Hace varios años yo serví en la junta directiva de un centro de consejería para embarazos de la localidad. Era una organización voluntaria dedicada a dar apoyo a las mujeres con embarazos no deseados. Nuestra meta era ayudar a las mujeres a encontrar alternativas viables al aborto. Ya que muchos en la ciudad universitaria donde este centro radicaba consideraban dicho enfoque políticamente incorrecto, a menudo era atacado por alumnos que estaban decididos a cerrarlo.

Un día supimos que un grupo de estudiantes estaba planeando atacar el centro a la mañana siguiente. Se nos pidió a los miembros de la junta que nos reuniéramos en el centro justo antes del ataque para apoyar al personal y los voluntarios. La noche antes del ataque una de los miembros de la junta llamó y dijo que había estado orando por el asunto. Ella sugirió que les sirviéramos a los atacantes rosquillas y café. Esta idea loca era tan ajena a mi proceso mental que decidí que tal vez en verdad venía de Dios. A la mañana siguiente, sintiéndonos ridículos, nos enfrentamos al frío glacial con bandejas de café y rosquillas que les ofrecimos a los desconcertados manifestantes.

Mientras tanto las cámaras de una estación televisiva de Detroit estaban grabando, filmando la escena. Nuestro gesto sorprendente salió en las noticias del día. Además, nos dio la oportunidad de hablar de manera constructiva con aquellos que se oponían a nuestro trabajo.

Años después me sorprendió escuchar que otro centro de consejería para embarazos hizo lo mismo luego de enterarse de nuestra situación. No estoy segura de cuáles fueron los resultados, pero su proceder me resultó extraño. Yo sabía que nosotros habíamos respondido a Dios aquel día, pero no creía que él hubiera revelado una metodología precisa para lidiar con la disensión. Es decir, lo que pudiera ser un enfoque inspirado en una situación pudiera no ser el mejor en otra. La idea es escuchar a Dios y responder en consecuencia.

Una mujer que parece haber hecho esto fue una cuáquera del siglo diecinueve llamada Elizabeth Fry. Ella se había enterado de las condiciones espantosas de las mujeres reclusas en la prisión Newgate del centro de Londres. En la prisión estaban juntos ciento noventa mujeres y cien niños: prostitutas, asesinas y ladronas profesionales junto con mujeres y niños inocentes que habían escapado de hogares abusivos. A ninguna de las reclusas se les daba ni cama ni ropa y el resultado era que muchos vivían en condiciones prácticamente insostenibles.

A Fry le habían advertido que era peligroso entrar a la prisión. Aquellos que cometieron el error de acercarse demasiado a la verja de hierro que separaba a la multitud de reclusos del resto del mundo a menudo se veían en el puño acerado de manos mugrientas que se metían por la reja y los agarraban muy duro. El único recuerdo que tenían de su desafortunado encuentro con los que estaban del otro lado de la puerta de la prisión eran los rasguños en sus rostros.

A pesar del peligro, Elizabeth Fry estaba decidida a entrar a la sección de las mujeres de la prisión. Lo hizo por primera vez en enero de 1817. Mientras una multitud de mujeres avanzaba hacia ella gritando, Fry se mantuvo calmada y les explicó que era una madre que quería saber cómo ayudar a las prisioneras y a sus hijos. Para sorpresa de los guardias de la prisión, las reclusas detuvieron su ataque furioso y escucharon con atención lo que Fry tenía que decir.

Más adelante, Fry formó una organización voluntaria de mujeres dedicadas a alimentar, vestir, educar y orar con las reclusas y sus hijos. A través de su obra se inició un movimiento de reforma en las cárceles a nivel mundial, algo que no hubiera sucedido sin la presencia fortalecedora de Dios. Ella también estableció una escuela de instrucción para enfermeras que influyó en Florence Nightingale, la mujer a la que se le acredita la fundación de la enfermería profesional. Fry sabía que su obra dependía de la dirección de Dios y señalaba que «nada menos que el Espíritu Santo puede ayudar en realidad a llevar adelante la causa de la justicia en la tierra».

Como Elizabeth Fry, hemos sido llamados a pararnos en la brecha por otros, pero se necesita valor y fe para hacerlo. Un hombre llamado Bill Kreidler comentó una vez: «Cada vez que doy seminarios a menudo recorro la habitación y les pido a las personas que den una razón por la cual no oran... Nunca olvidaré a la mujer que dijo: "Tengo miedo de lo que Dios me pida hacer". Y yo pensé: "Verdad que esa es una buenísima razón para no orar"».

Rod Van Solkema, pastor principal de la iglesia Crossroads Bible Church en Grand Rapids, señala que, en el sentido bíblico, el cielo es el espacio donde Dios vive. Y la Tierra, por el contrario, es el espacio donde nosotros vivimos. Cuando Salomón consagró el templo de Jerusalén, Dios hizo algo extraordinario al hacer de este la intersección del cielo y la tierra... el lugar donde él había escogido habitar. Pero como dice Van Solkema, tan pronto como el Espíritu Santo descendió sobre los discípulos en Pentecostés (Hechos 2), Dios cambió su dirección. La intersección del cielo y la tierra ya no estaba confinada el templo de Jerusalén. En cambio, aquellos que creían en Jesús se habían convertido en el templo de Dios. De todos los lugares que Dios pudo haber escogido para vivir a fin de mostrarle a la gente quién es él, escogió morar en nosotros.

Mark Buchanan cuenta sobre un almuerzo que tuvo con Regine King, una mujer admirable de Ruanda. Como otros ruandeses, ella perdió muchos familiares durante el genocidio de 1994, del que ella apenas escapó. Con una voz que él describe como «ligera y musical», ella le contó cómo Dios había obrado en su vida.

«Habían matado al único hijo de una mujer. Ella estaba abrumada por la tristeza, el odio y la amargura. Y oraba: "Dios, muéstrame a su asesino".

»Una noche ella soñó que iba para el cielo, pero había una complicación: para llegar al cielo tenía que pasar por cierta casa. Tenía que caminar por la calle, entrar a la casa por la puerta principal, pasar por las habitaciones, subir las escaleras y salir por la puerta de atrás.

»Le preguntó a Dios de quién era la casa. Él le respondió: "Es la casa del hombre que mató a tu hijo".

»El camino al cielo pasaba por la casa de su enemigo.

»Dos noches después tocaron a su puerta. Ella la abrió y allí estaba parado un hombre que tenía aproximadamente la edad de su hijo. El hombre se identificó: "Yo soy el que mató a tu hijo. Desde ese día no tengo vida. No tengo paz. Así que aquí estoy, pongo mi vida en tus manos. Mátame, de todos modos ya estoy muerto. Échame a la cárcel, ya estoy en la cárcel. Haz que me torture, ya vivo en un tormento. Haz conmigo lo que quieras".

»La mujer había orado mucho por ese día, pero ahora resulta que no puede matarlo. No quiere que lo echen a la cárcel ni que lo torturen. Ella solo pide algo: "Entra a mi casa y vive conmigo. Come la comida que yo hubiera preparado para mi hijo. Usa las ropas que yo hubiera hecho para mi hijo. Conviértete en el hijo que yo perdí".

»Y él lo hizo.

»Los pacificadores», dice Buchanan, «hacen lo que Dios mismo ha hecho, hacen hijos e hijas de enemigos amargados, los alimentan y los visten, hacen un camino al cielo que atraviesa justamente sus casas».

Puede ser dolorosamente difícil seguir este camino al cielo, pero es el que Cristo mismo hizo posible. No vale la pena considerar la alternativa. Como señalara Martin Luther King Jr: «La debilidad suprema de la violencia es que es una espiral descendente, que engendra justo lo que busca destruir... y añade una oscuridad más profunda a una noche que ya carece de estrellas. La oscuridad no puede echar a la oscuridad, solo la luz lo puede hacer».

Como hombres y mujeres llamados a ser como el Dios a quien servimos, debemos ser pacificadores cuya visión de lo que la vida puede ser esté moldeada por la *shalom* que Dios promete. Compartir esa *shalom* no siempre es fácil. A veces será peligroso. Aprender a ser una «presencia no ansiosa» en la casa, el trabajo y en la iglesia puede ayudarnos a difundir la paz que Dios da. A fin de cuentas, no hay atajos ni secretos para la paz. La paz no es algo misterioso ni elusivo. La paz que anhelamos, la paz que el mundo tanto necesita, viene como resultado de nuestra relación con Dios. Es un fruto del Espíritu que se desarrolla mientras tratamos de imitar al Cristo que amamos.

Aunque no hay atajos para la paz, podemos aumentar nuestro sentido de paz de varias maneras prácticas. Veamos lo que yo considero «paz práctica», métodos simples para aumentar nuestro sentido de *shalom*.

EN BUSCA DE LA PAZ

1. Piensa en una o dos situaciones de la vida en las que luches para experimentar la paz. ¿Qué pudiera significar para ti ser un pacificador en dichas situaciones?

2. Describe una ocasión en la que tú o alguien que conoces pudo guiar al mostrar una «presencia no ansiosa». ¿Qué nueva perspectiva ganaste con esta experiencia?

3. ¿Eres una persona capaz de tolerar el dolor de otra a fin de permitir que la misma crezca? Si no, ¿cómo pudieras aprender a hacerlo?

4. ¿De qué maneras pudieras comenzar a «delegar la ansiedad» en la casa o en el trabajo?

5. Si Jesús era un hombre de paz, ¿por qué su vida provocó tanta turbulencia?

6. Si el cielo es el espacio donde Dios vive, y si él vive en nosotros, ¿cuáles son las implicaciones en la manera en que Dios quiere usar nuestras vidas para dar paz a otros?

CAPÍTULO DOCE

PAZ EN UN SENTIDO PRÁCTICO

Había sido un día estresante, precedido de una semana difícil. No era de extrañar que me doliera la espalda. Di gracias por las manos fuertes que me quitaron el dolor con masajes. Después del masaje la terapeuta me preguntó si yo era nadadora. «¡Pues sí!», le dije. Muy contenta con el elogio implícito, llegué a la conclusión de que debo haber estado en mejor forma física de lo que creía. De lo contrario, ¿cómo podría ella catalogarme como nadadora?

Decidí indagar un poco más. Tal vez la terapeuta expresaría su sorpresa de que una mujer de mi edad estuviera en tan buen estado físico, pero cuando le pregunté cómo lo había sabido, ella dijo sencillamente: «¡Ah, siempre me resulta fácil reconocer a los nadadores por el olor a cloro!».

Después de eso me escabullí del salón avergonzada por mi breve fantasía de haberme transformado en la mujer maravilla.

La verdad es que de haber hecho ejercicios más fielmente, es probable que no hubiera tenido que gastar dinero en un masaje, ni el estrés que había sentido se hubiera alojado en el punto más débil de mi cuerpo.

Si queremos experimentar más paz y menos estrés en nuestras vidas cotidianas, tiene sentido que examinemos algunos métodos prácticos para hacerlo.

¿Te sorprenderías si dijera que lo más práctico que puedes hacer para aumentar tu sentido de paz es orar? Los últimos capítulos han trazado algunos de los componentes más importantes en nuestra búsqueda de paz. Encontramos la paz que Dios promete a medida que crecemos en fe, perdón, obediencia, confianza y sencillez. Es decir, la paz viene de abrazar el evangelio tanto como sea posible. Pero si todo eso parece demasiado a tener en cuenta, solo recuerda que el camino más importante a la paz consiste en estar unido a Cristo de manera vital. Una de las maneras más fáciles, pero más ignoradas, de cultivar nuestra relación con Dios es mediante la oración cotidiana. Ya que la oración sencillamente es comunicarse con Dios, escucharle y hablar con él, no hay necesidad de buscar la técnica o el sistema correcto.

La mayoría de mis propias oraciones no son elocuentes ni complicadas. Por lo general comienzo leyendo una porción de las Escrituras, tratando de ser sensible a las maneras en que Dios pudiera querer hablarme. Eso echa a andar las cosas, y pone mi mente y mi corazón en la disposición adecuada para la oración. Leer las Escrituras es algo así como sumergirte en el lenguaje, la historia y la cultura de un país lejano. Mientras más tiempo pases en esa tierra, familiarizándote con sus valores, su idioma y sus historias, mejor la entenderás. Leer la Biblia es como entrar a un país espiritual. Al principio es confuso. Uno no puede llevar la cuenta de todos los reyes y reinos, las leyes rituales, las costumbres tan completas, la cronología de la historia bíblica. Pero mientras más uno insiste, más comienza a experimentar a Dios revelándose a sí mismo. Sus historias se vuelven tus historias, sus valores tus valores. Poco a poco Dios y tú comienzan a compartir un idioma común y una historia común. Te das cuenta de que puedes reconocer su voz con más facilidad.

El otro día una lectora me escribió y me contó cómo Dios estaba redimiendo algo trágico que ocurrió en su vida años atrás. Así es como Francoise cuenta su experiencia: «Mi esposo me dijo que ya no me amaba y se negaba a buscar una solución. Para él había terminado. Yo no sabía que podía sentir tanto dolor en mi corazón. Fue tan duro que a veces me parecía que me iba a dar un infarto. El año anterior yo había entregado de nuevo mi vida a Dios. Lo menos que me imaginaba en el momento en que le entregué todo es que eso implicaría un cambio rápido y en ocasiones devastador. En medio del dolor y el caos yo me negaba a dudar. Y le dije a Dios en voz alta que sabía que él era bueno y fiel. Decidí creer lo que sabía de él. La misma mañana en que mi esposo y yo nos separamos, Dios me dijo que ahora él era mi esposo. Dijo que me estaba sacando de Egipto por última vez y que no me iría con las manos vacías».

Un año después, así es como ella describe su vida: «¡He llegado al otro lado con más sanidad y libertad para amar a Dios de lo que pensé que fuera posible! ¡Y tengo la certeza de que lo mejor todavía está por llegar!».

En el momento en que su mundo se derrumbó, Dios le habló a Francoise usando una de las historias cruciales de las Escrituras hebreas. Como ella estaba tan familiarizada con el éxodo, sabía exactamente lo que Dios le estaba diciendo y pudo aferrarse a su palabra en todas las altas y bajas de ese año tan difícil. Así como los israelitas desvalijaron a los egipcios cuando se fueron (Éxodo 3:22), Francoise salió de su propio tiempo difícil con tesoros en la mano... no una riqueza tangible, sino un grado de sanidad y libertad que nunca había experimentado.

Llegar a ser versado en la Biblia para que Dios pueda hablarte por medio de sus páginas requiere tiempo y esfuerzo. Requiere la decisión de leer las Escrituras con regularidad, ya sea que tengas deseos o no. Imagínate un restaurante cuyos cocineros solo cocinan cuando tienen inspiración. Si los chefs se sienten inspirados el lunes pero no el martes, mala suerte para todo el que se aparezca a comer el martes. Muy pronto el restaurante tendrá que cerrar porque la mayor parte del tiempo no habrá suficiente para comer. Lo mismo pasa con la lectura de la Biblia. Si solo lees la Biblia cuando tienes deseos, perderás la nutrición espiritual estable que Dios quiere proveerte. Las Escrituras fueron hechas para convertirse en nuestro pan y mantequilla, para edificarnos al acercarnos más a Dios y sostener nuestra comunicación con él.

Así que yo comienzo mis oraciones leyendo una porción de la Biblia, escuchando atentamente lo que Dios pudiera estarme diciendo. Entonces le hablo, le doy gracias y le alabo. A veces oro con las propias Escrituras, usando las palabras de un salmo para proclamar su bondad.

¡Aleluya! ¡Alabado *sea el Señor!*
    Alaba, alma mía, al Señor.
Alabaré al Señor toda mi vida;
    mientras haya aliento en mí, cantaré salmos a mi Dios.
No pongan su confianza en gente poderosa,
    en simples mortales, que no pueden salvar.
Exhalan el espíritu y vuelven al polvo,
    y ese mismo día se desbaratan sus planes.
Dichoso aquel cuya ayuda es el Dios de Jacob,
    cuya esperanza está en el Señor su Dios,
creador del cielo y de la tierra,

del mar y de todo cuanto hay en ellos,
    y que siempre mantiene la verdad.
El Señor hace justicia a los oprimidos,
    da de comer a los hambrientos
    y pone en libertad a los cautivos.
El Señor da vista a los ciegos,
    el Señor sostiene a los agobiados,
    el Señor ama a los justos.
El Señor protege al extranjero
    y sostiene al huérfano y a la viuda,
    pero frustra los planes de los impíos.

¡Oh Sión, *que el Señor reine para siempre!*
    ¡Que tu Dios reine por todas las generaciones!
    ¡Aleluya! ¡Alabado sea el Señor! (Salmo 146)

O simplemente enumero todas las maneras en las que he experimentado la fidelidad de Dios. Si percibo algún pecado en mi vida, sencillamente me arrepiento y pido perdón. A veces dedico unos minutos para repasar los sucesos de las últimas veinticuatro horas con el objetivo de examinar mi corazón. En ocasiones ayuda examinar con cuidado cuando me siento molesta para indagar y descubrir la raíz de mi reacción emocional. ¿Pequé yo o hubo otra dinámica en el asunto? Examinar esto en presencia de Dios, pedir la ayuda de su Espíritu, me ayudará a poner las cosas en orden con mayor sabiduría y paz. Una vez más los salmos son excelentes para expresar con palabras nuestro dolor.

Ten compasión de mí, oh Dios,
    conforme a tu gran amor;
    conforme a tu inmensa bondad,
    borra mis transgresiones.

Lávame de toda mi maldad
*   y límpiame de mi pecado.*
Yo reconozco mis transgresiones;
*   siempre tengo presente mi pecado.*
Contra ti he pecado, sólo contra ti,
*   y he hecho lo que es malo ante tus ojos;*
* por eso, tu sentencia es justa,*
*   y tu juicio, irreprochable.*
Yo sé que soy malo de nacimiento;
*   pecador me concibió mi madre.*
Yo sé que tú amas la verdad en lo íntimo;
*   en lo secreto me has enseñado sabiduría.*
Purifícame con hisopo, y quedaré limpio;
*   lávame, y quedaré más blanco que la nieve.*
Anúnciame gozo y alegría;
*   infunde gozo en estos huesos que has quebrantado.*
Aparta tu rostro de mis pecados
*   y borra toda mi maldad.*
Crea en mí, oh Dios, un corazón limpio,
*   y renueva la firmeza de mi espíritu.*
No me alejes de tu presencia
*   ni me quites tu santo Espíritu.*
Devuélveme la alegría de tu salvación;
*   que un espíritu obediente me sostenga.*
Así enseñaré a los transgresores tus caminos,
*   y los pecadores se volverán a ti. (Salmo 51:1- 13)*

Después de eso sencillamente expongo mis necesidades y las necesidades de otros en oración intercesora. A veces oro sin palabras, solo poniendo a una persona en la presencia de Dios, creyendo que él sabe lo que la persona necesita. Si quieres experimentar más de la paz de Dios, toma en serio el consejo de Pablo: «No se inquieten por nada; más bien, en toda ocasión, con oración y ruego, presenten sus peticiones a Dios y denle gracias. Y la paz de Dios, que sobrepasa todo entendimiento, cuidará sus corazones y sus pensamientos en Cristo Jesús» (Filipenses 4:6-7).

He aprendido que orar se parece mucho a comer. Saltarme una comida o dos me pone voraz. Del mismo modo, dejar de orar hace que mi fe se marchite, me hace sentir ansiosa y vacía. Por fortuna, recuperar el hábito de orar con regularidad restaura mi sensación de que Dios está conmigo. Incluso dedicarle a Dios quince o veinte minutos de esta manera puede producir una vida de mucha más paz.

Hablando de oración, ten cuidado con lo que oras. Si oras por la paz que Dios ha prometido pudieras descubrir que sus instrucciones vienen con miles de pequeñas espinitas, para tomar prestadas las palabras de un escritor del siglo diecisiete. Claude la Columbiére dijo: «Toda nuestra vida está sembrada de pequeñas espinas que producen en nuestros corazones miles de movimientos involuntarios de odio, envidia, temor, impaciencia, miles de desilusiones fugaces, miles de preocupaciones ligeras, un montón de perturbaciones que por un instante alteran la paz de nuestra alma. Por ejemplo, se escapa una palabra que no debió decirse. O alguien dice algo que nos ofende. Un niño nos incomoda. Un fastidio nos detiene. No te gusta el tiempo. Tu trabajo no va como pensabas. Se rompe un mueble. Un vestido se rasga.

»Sé que estas no son ocasiones para practicar virtudes muy heroicas, pero sin dudas serán suficientes para adquirirlas si de verdad lo quisiéramos».

Estas pequeñas espinas interrumpen nuestra paz, pero también nos dan una oportunidad. Si las dejamos, pueden servirnos de entrenamiento para tener mayor paz y confianza. La mayoría de nosotros pensamos que la paz viene al evitar la incomodidad, la frustración, el temor y el dolor. Sin embargo, cada vida, en mayor o menor grado, está cargada de tales sentimientos. Y una de las claves para desarrollar un mayor sentido de paz es aprender a lidiar con ellos. Los sentimientos, por supuesto, no son correctos ni incorrectos. Solo son sentimientos. Lo que hacemos con ellos, cómo reaccionamos ante ellos, es lo que importa.

Entonces, ¿cómo lidiamos con todas las pequeñas espinitas de nuestras vidas? Una manera de manejar las innumerables interrupciones, incomodidades y frustraciones de la vida es tratando de escapar de ellas o desviando nuestra atención de las mismas. A veces nuestras estrategias funcionan bastante bien, mientras que otras veces se convierten en patrones dañinos. Bebemos, compramos, vemos televisión... todo en exceso. Otros respondemos de manera combativa, culpamos a todo y a todos por la menor ofensa. De manera inevitable, nuestras estrategias disfuncionales llevan a la culpa y no a la paz.

¿Cómo debemos lidiar con los sentimientos que preferiríamos no tener? Podemos comenzar por permitirnos sentirlos. Al hacerlo podemos examinarlos detenidamente, en busca de maneras para comprendernos mejor a nosotros mismos y a los demás.

¿De repente te sientes deprimido? Desarrolla un nivel de curiosidad en cuanto a qué está haciendo que te sientas así. ¿Alguien dijo algo? ¿Tú dijiste algo? ¿Qué está creando ese vacío y esa tristeza dentro de ti? Siéntate con tu tristeza un rato en lugar de salir de ella pisando fuerte o de huirle. No tienes que consentirla, pero necesitas reconocerla para poder aprender de ella.

¿Cómo respondes normalmente a los sentimientos incómodos o inquietantes? ¿Te das un baño, sales a caminar, haces ejercicios, cocinas, hablas con alguien, te dices a ti mismo que tienes que salir de eso, escuchas música, oras, lees, tomas medicinas, gastas dinero, juegas juegos de video, arrasas con el refrigerador, te quejas, bebes, limpias, te alejas, gritas? Cualquiera que sea el sentimiento negativo, ya sea ansiedad, depresión, ira o aburrimiento, puede que hayas desarrollado respuestas automáticas como mecanismos de defensa. Tomar un instante para explorarlos sin ser excesivamente duro contigo mismo puede llevar a una mayor comprensión y dominio propio, sobre todo si le pides a Dios que te dé sabiduría.

Trata de prestarle atención a los diálogos internos que se producen en medio de esos sentimientos. Esto te ayudará a descubrir qué está provocando tus reacciones. Conozco a una viuda a quien le resulta difícil enfrentar los días festivos en particular. Gasta mucha energía tratando de diseñar la experiencia correcta para ella y sus hijos. Hace poco se le ocurrió que su ansiedad ante los días festivos está muy ligada a la historia que se cuenta a sí misma. Ella siempre había creído que los días festivos importantes debían celebrarse con la familia extendida. Quería que sus hijos estuvieran envueltos en una experiencia maravillosa que incluyera a los abuelos, tías, tíos y primos. Pero la mayor parte de su familia o vivía demasiado lejos o estaban demasiado ocupados como para acompañarlos. Una vez que ella se dio cuenta de la trama, titulada «la celebración perfecta», quedó libre para reaccionar de diversas maneras. Este año se permitió experimentar la decepción de no poder celebrar con las familias de sus hermanos y de su hermana, pero rechazó la narrativa de que sus días festivos quedarían por tanto arruinados. Entonces comenzó a planificar una celebración creativa que pudiera ofrecer nuevas tradiciones para su familia inmediata.

A medida que escuches tus diálogos internos pregúntate cómo manejas los eventos o problemas difíciles. ¿Tiendes a ver las cosas malas como sucesos específicos o como problemas permanentes y dominantes? Si el horno deja de funcionar, por ejemplo, ¿llegas a la conclusión de que es solo cuestión de tiempo antes de que el refrigerador haga lo mismo y el techo también se caiga? Suponiendo que hayas cuidado bien de la casa, puedes rechazar ese escenario y cambiar el diálogo. Pero primero tienes que estar consciente de que estás teniendo dicha conversación contigo mismo.

Cuando comiences a investigar tus sentimientos, reacciones, y las historias que te cuentas a ti mismo, trata de hacerlo sin adoptar una actitud crítica hacia ti o hacia los demás. Pídele a Dios que te ayude a recordar que eres un hijo de un Padre que te entiende y te ama. Otórgate la compasión que ya has experimentado de parte de él. Francisco de Asís llamaba a su cuerpo «hermano burro», un término que mezcla un humor de desaprobación propia con cierto nivel de afecto. Aunque Francisco se trataba duramente a sí mismo, después le pidió perdón a su cuerpo por las maneras extremas de autodisciplina a las que lo había sometido. A veces nosotros cometemos un error similar al juzgarnos demasiado duro, castigándonos no física sino mentalmente. El camino adelante se encuentra cuando simplemente aceptamos la verdad que Dios nos ayuda a descubrir mientras creemos que él nos dará la gracia para llegar a ser las personas que él quiere que seamos.

Al investigar la fuente de nuestras reacciones negativas, también podemos descubrir que el Espíritu Santo nos da una visión mayor de las personas que nos han herido y ofendido. Enfrentar nuestros propias fallas nos puede hacer más compasivos con relación a los fallas de otros, y nos ayuda a comprender por qué actúan como lo hacen. Considera la mujer cuyas emociones negativas tienden a expresarse como ira. Cada vez que se siente triste, ansiosa o estresada, se enoja. Preocupada porque sus hijos se enfermarán si duermen poco, les grita que se vayan a la cama. Estresada por demasiadas cosas que hacer, aprieta el claxon cuando otro chofer se le mete delante. Si esta mujer puede comenzar a comprender su patrón, puede responder de manera más eficaz a las emociones subyacentes que están provocando sus arranques de ira. Después, cuando su jefe le dice algo brusco, ella pudiera reconocer que la conducta de él está más relacionada con su ansiedad por las ventas que han decaído que con algo que ella haya hecho para ofenderle.

Huir de emociones incómodas como el temor, el dolor o la decepción no es una manera de crear más paz en nuestras vidas. En cambio, estas emociones se mueven clandestinas y así ganan más control sobre nosotros. Si simplemente nos permitimos experimentarlas, es más probable que entren y salgan de nuestras vidas de manera natural en lugar de albergarse en lugares ocultos de nuestro corazón.

La semana pasada llevé a mis hijas al pediatra para una temida vacuna. Traté de explicarles que la mejor manera de ponerse una inyección es simplemente relajar el músculo del brazo cuando la aguja entra. De esa manera es menos probable que uno sienta dolor después de que la enfermera saque la aguja. Lo mismo ocurre con el temor. Luchar demasiado contra él aumenta su potencia y hace que padezcamos de ansiedad crónica o de ira explosiva. No necesitamos mimar a las emociones negativas, pero sí tenemos que darnos permiso para experimentarlas.

Cuando mi madre era pequeña tenía una pesadilla recurrente. En el sueño ella subía una escalera pendiente hacia una puerta. En cada paso de la escalera sentía más temor, aterrorizada por lo que pudiera esperarla del otro lado. Cada vez que el sueño se repetía aumentaba su temor. Por fin una noche soñó que la puerta se abría y mostraba a la persona que estaba al final de las escaleras. Ella no recuerda quién era la persona, pero nunca más tuvo el sueño atemorizante. De la misma manera, enfrentar nuestros temores o dolor en la presencia de Dios puede reducir grandemente e incluso eliminar su poder sobre nosotros. Recuerda que Jesús dijo que el Espíritu Santo sería nuestro Consolador (Juan 14:26). Cristo no nos ha dejado solos para que nos las arreglemos como podamos en la vida. Justo después de prometer que el Padre enviaría al Espíritu

Santo, él dijo esto: «La paz les dejo; mi paz les doy. Yo no se la doy a ustedes como la da el mundo. No se angustien ni se acobarden» (Juan 14:27).

A veces nuestra paz disminuye debido a nuestra tendencia a vivir en nuestra imaginación. Nuestras mentes se desvían del lugar donde estamos, de las personas con las que estamos y de cualquier actividad que estemos haciendo, lo que trae como resultado que no vivimos en el momento presente. Los investigadores de Harvard desarrollaron hace poco una tecnología para teléfonos inteligentes que hizo un muestreo de dos mil doscientas personas elegidas al azar a fin de descubrir cómo se sentían y lo que estaban haciendo y pensando en un momento dado. Después de analizar un cuarto de millón de respuestas de este grupo de muestreo grande, llegaron a la conclusión de que las personas piensan tanto en lo que *no* está sucediendo como en lo que *está* sucediendo, y que el hacer tal cosa las hace menos felices. Traducción: una mente que divaga contribuye a nuestra infelicidad más que a nuestra felicidad. Aunque soñar despierto sobre temas agradables hizo a las personas menos infelices que soñar despierto sobre cosas desagradables, no eran tan felices en esos momentos como cuando se enfocaban en lo que estaban haciendo en el presente.

Daniel Gilbert, profesor de Harvard y unos de los investigadores del estudio, comentó sobre sus descubrimientos: «Si le pides a la gente que se imaginen que ganaron la lotería, por lo general hablan de las cosas que harían: "Iría a Italia, me compraría un barco, me iría a la playa", y rara vez mencionan las cosas que *pensarían*. Pero nuestros datos sugieren que la ubicación del cuerpo es mucho menos importante que la ubicación de la mente, y que el primero, para nuestra sorpresa, tiene muy poca influencia en la segunda. El corazón va adonde la cabeza lo lleve, y a ninguno de los dos les importa mucho por dónde anden los pies».

Recuerdo una experiencia que tuve mientras viajaba por Europa. Temiendo que nunca la visitaría de nuevo, pasé horas tomando fotos de todo lo que veía, tratando de grabar la experiencia en el rollo. Pero pasé tanto tiempo detrás de la cámara, intentando obtener la mejor fotografía posible, que empecé a sentir como si estuviera perdiéndome toda la experiencia. Mirar a través de la lente pequeña todo el día me impedía absorber los sonidos, los paisajes y los olores de un continente increíble.

Por supuesto, no hay nada de malo con soñar despierto ni con pensar en el futuro, pero si adquirimos el hábito de dejar que nuestras mentes habiten en esos lugares, nuestros pensamientos divagarán demasiado lejos del presente y nos perderemos las oportunidades que Dios nos está proveyendo para servirle y experimentarle a él ahora.

Jesús, que conocía la tendencia de sus discípulos a sentir ansiedad por lo que pudiera pasar en el futuro, les aconsejó: «Por lo tanto, no se angustien por el mañana, el cual tendrá sus propios afanes. Cada día tiene ya sus problemas» (Mateo 6:34). Jesús no les estaba instando a ser pasivos, sino a prestar atención a lo que era importante en el presente. Del mismo modo, es solo en el presente que tenemos la oportunidad de hacer la voluntad de Dios, de cumplir su buen propósito para nuestras vidas.

Otra manera práctica de reducir la tensión y la ansiedad es hacer del ejercicio un hábito regular. Un día, mientras miraba con mis hijas *El mago de Oz,* no pude evitar preguntarme si incluso la bruja mala del oeste habría sido más amable con Dorothy y Toto, si solo hubiera seguido una rutina habitual de ejercicios.

234 LA PAZ QUE DIOS PROMETE

En serio, el ejercicio habitual puede reducir nuestra ansiedad y hacer que nuestra vida sea más fácil. Por desdicha, muchos de nosotros nos sentimos tan agotados por las exigencias del trabajo y la vida hogareña que no sacamos tiempo para hacer ejercicios, algo que nuestros ancestros ni siquiera hubieran tenido que considerar. Aunque no podemos viajar en el tiempo a otra era para realizar estudios sobre cómo nuestros ancestros se beneficiaban de involucrarse en el trabajo manual, podemos una vez más aprender algo al observar a los amish. En comparación con el norteamericano promedio, los amish son seis veces más activos que nosotros. No es de extrañar que un estudio realizado en 2004 indicara que el índice de obesidad en una comunidad amish fuera solo del cuatro por ciento. Compara eso con un estudio del 2009 que muestra que el veintiséis por ciento de los norteamericanos son obesos.

Los beneficios físicos y mentales del ejercicio habitual están bien documentados. La mayoría de nosotros sabemos que lo necesitamos, pero tal vez no nos hemos dado cuenta de los beneficios espirituales del ejercicio. Rechazar un estilo de vida sedentario a favor de uno que sea más activo puede ayudarnos a convertirnos en mejores discípulos de Cristo a medida que nuestros niveles de ansiedad se reducen y podemos responder a los desafíos de la vida con mayor paz y confianza. Así que sal y corta esa madera, corre, inscríbete en una clase de baile o únete a un gimnasio. Haz algo que disfrutes con personas que disfrutes para que puedas cuidar del cuerpo y la mente que Dios te ha dado.

Otra manera práctica de aliviar el estrés es involucrarte en ejercicios de respiración profunda. No hay que ser budista para reconocer los beneficios de respirar profundamente, lo cual puede explicarse con la fisiología. El estrés crónico activa el sistema nervioso simpático, que se pone en acción de forma automática cada vez que enfrentas o piensas que estás enfrentando una emergencia. Este libera adrenalina y otros mensajeros químicos a tu sistema, y pone a tu cuerpo en alerta, preparándolo para una pelea o respuesta de escape. Eso fue lo que hizo que mi hija menor, Luci, saltara de miedo anoche cuando yo di un brinco y le grité «¡Ja!» cuando ella doblaba la esquina de la escalera (¡qué mala mamá!). El sistema nervioso simpático es maravilloso para lidiar con situaciones de emergencia, pero es terrible para lidiar con el estrés a largo plazo. Un sistema nervioso simpático activado de manera crónica perturba el cerebro y causa depresión, insomnio y fatiga.

Por el contrario, el sistema nervioso parasimpático desempeña el papel opuesto. Se hace cargo cuando el cuerpo está descansando. Así que cuando fui a chequear a Luci anoche después que se fue a dormir, vi a una niña que, a pesar de lo que pasó antes, dormía profundamente mientras que su cuerpo tranquilo se restauraba a sí mismo. Un sistema parasimpático activado puede ayudar a que disminuya el ritmo de tu corazón, se relajen tus músculos y tus pulmones tomen más oxígeno. La respiración profunda ayuda a activar el sistema parasimpático, y por tanto aumenta la sensación de calma y bienestar.

Hablando de sueño, si quieres morir joven, asegúrate de no tener lo suficiente de él. Sin la cantidad adecuada de sueño corremos mayor riesgo de contraer enfermedades graves como diabetes, cáncer y males del corazón. Hasta nuestra epidemia de obesidad parece ser en parte el resultado de una falta de sueño crónica. Los estudios revelan que la mayoría de nosotros necesita al menos siete horas de sueño. Ocho o nueve horas es mejor todavía. Puede haber una variedad de razones por las que estemos tratando de arreglárnoslas con cada vez menos sueño, pero sin dudas una de ellas es que nos quedamos levantados hasta tarde viendo televisión o jugando juegos de video. La exposición a la luz que emiten las pantallas de los televisores y las computadoras puede hacer difícil el quedarse dormido. Otra razón para nuestra falta de sueño pudiera ser que dependemos demasiado de nosotros mismos y no lo suficiente de Dios para hacer que nuestras vidas funcionen como pensamos que debieran.

Se han dedicado libros completos al tema de cómo podemos disfrutar más paz y menos estrés en nuestra vida diaria. En este capítulo solo hemos tocado la superficie. Lo que es más, las maneras prácticas de lidiar con el estrés solo nos llevarán hasta un punto. Esto pudiera funcionar bien para la persona promedio que trata con niveles promedio de estrés. Sin embargo, para alguien que esté muy deprimido o que esté viviendo en la mayor miseria o batallando con una terrible enfermedad, las técnicas para manejar el estrés no serán para nada suficientes.

Cualquiera que sea la medida de paz que disfrutemos ahora, todos nos beneficiaremos al aprender a concentrarnos en lo que yo llamo «la paz de por siempre». Pero ¿no contradice esto lo que dije antes sobre permanecer en el momento presente? ¿Y no suena un tanto impráctico? Tal vez al principio. Pero creo que concentrarnos en el cielo es una de las cosas más prácticas que podemos hacer para infundirle al presente más esperanza y significado. Orar con pasajes relevantes de las Escrituras, leer un libro acerca del cielo y hacer un estudio bíblico sobre el cielo, todas estas cosas pueden ayudarnos a ganar una perspectiva eterna sobre la vida que estamos viviendo ahora. A pesar de cuán difíciles sean nuestras circunstancias, aquellos que pertenecen a Cristo se dirigen a una eternidad en la que la *shalom* de Dios no es algo que disfrutaremos por un rato, sino algo que caracterizará nuestras vidas por siempre. Al explorar la paz de por siempre, estamos simplemente recordando el último capítulo de la historia en la cual se basan nuestras vidas.

En un discurso a la Conferencia Sur de Liderazgo Cristiano, Martin Luther King Jr. ofreció una receta maravillosa para la esperanza cuando dijo: «Cuando nuestros días se hacen más tristes con nubes bajas de desesperación flotando, y cuando nuestras noches se vuelven más oscuras que mil medianoches, recordemos que existe una fuerza creativa en este universo, trabajando para derrumbar las gigantescas montañas del mal, un poder que es capaz de lograr una salida cuando no la hay y transformar los oscuros ayeres en mañanas brillantes. Démonos cuenta de que el arco del universo moral es largo, pero se inclina hacia la justicia». Y ya que se inclina hacia la justicia, también se inclina hacia la esperanza.

La paz que deseamos, la paz que Dios promete, trasciende cualquier técnica que pudiéramos emplear para disminuir el estrés y la tensión de la vida moderna. Al final, solo una vida que haya sido entregada a Dios descubrirá la *shalom* que solo él puede dar. Dondequiera que te encuentres en tu trayectoria, oro para que la comiences con Dios, la sostengas mediante la oración y la termines en paz. Y esta es mi oración para ti, tomada de una antigua bendición celta:

> *Te deseo la paz profunda del aire,*
> *Te deseo la paz profunda de las estrellas sonrientes,*
> *Te deseo la paz profunda de la tierra tranquila,*
> *Te deseo la paz profunda de los pastores vigilantes.*
> *Te deseo la paz profunda del Hijo de Paz.*
> *Amén.*

EN BUSCA DE LA PAZ

1. ¿Cómo el hábito de la oración o la falta de oración ha impactado el que experimentes la paz?

2. ¿Alguna vez has experimentado que Dios te hable por medio de las Escrituras? Si es así, describe la situación. ¿Cómo te ayudó escuchar la voz de Dios?

3. Toma un momento para considerar cualquier emoción incómoda que hayas experimentado en el curso de la última semana. Pídele al Espíritu Santo que te ayude a entender qué causó las emociones y cómo pudieras lidiar mejor con ellas en el futuro.

4. David Gilbert señala que «el corazón va adonde la cabeza lo lleve, y a ninguno de los dos les importa mucho por dónde anden los pies». ¿Qué implica esto en cuanto a nuestra búsqueda de la paz que Dios promete?

5. ¿Cómo puedes reacomodar tu horario para hacer del ejercicio una parte más habitual de tu vida?

NOTAS

CAPÍTULO UNO:
LA PAZ QUE ANHELAS

1. Pág. 13: *rompecabezas de la tierra*: Esta historia se relata en el libro de Catherine Whitmire, *Practicing Peace,* Sorin Books, Notre Dame, IN, 2007, p. 127.

2. Pág. 18: *Palabra griega para «paz»*, William D. Mounce, D. Matthew Smith y Miles V. Van Pelt, eds. *Mounce's Complete Expository Dictionary of Old and New Testament Words,* Zondervan, Grand Rapids, MI, 2006, p. 503.

3. Pág. 22: *Cita de Wendell Berry,* citado en la obra de Wayne Muller, *Sabbath,* Bantam, New York, 1999, p. 113.

4. Pág. 23: «*Soy neurótico*», http://iamneurotic.com/2009/01/29/eri/ (accedido el 12 de mayo de 2010).

5. Pág. 25: «*cómo convertirse en amish*», Uncle Amos, Become Amish?», *Small Farmer's Journal* 17, no. 3, 1993.

6. Pág. 26: *Swahili para «hombre blanco»*, Mark Buchanan, *The Rest of God,* Nelson, Nashville, TN, 2006, p. 196.

7. Pág. 26: «puede *causar estragos*», Robert M. Sapolsky, *Why Zebras Don't Get Ulcers,* Henry Holt, New York, 1994, 1998, 2004, p. 5.

8. Pág. 29: «tenemos que combatirlas», Etty Hillesum, *The Letters and Diaries of Etty Hillesum 1941-1943,* Eerdmans, Grand Rapids, 2002, pp. 535-36.

CAPÍTULO DOS:
HÉROES E HISTORIAS

1. Pág. 35: La historia de Michael Burry se sacó del libro de Michael Lewis, *The Big Short,* Norton, New York, 2010.

2. Pág. 36: *Scion Capital,* Ibíd, Kindle pp. 3763-67.

3. Pág. 37: «Para hacerte», Virginia Woolf, *The Waves*, Wordsworth, Ware, Eng, 2000, p. 135.

4. Pág. 38: «Igual que sería», J. I. Packer, *El conocimiento del Dios Santo*, Vida, Miami, FL, 2006.

5. Pág. 44: «Estamos leyendo la historia», Ann Spangler y Lois Tverberg, *Sitting at the Feet of Rabbi Jesus*, Zondervan, Grand Rapids, 2009, p. 68.

6. Pág. 44: «En retrospectiva», Parker Palmer, *Let Your Life Speak*, Jossey-Bass, San Francisco, 2000, p. 99.

7. Pág. 45: «al final llegaba», Leanne Miller, «Raising Cognitive Capacity», *Professionally Speaking, septiembre de* 2008, p. 35.

8. Pág. 46: *Arrowsmith Program*: para más información sobre el programa Arrowsmith Program, consulte www.arrowsmithschool.org/

9. Pág. 47: «La cruz es el centro», Joni Eareckson Tada y Steven Estes, *When God Weeps*, Zondervan, Grand Rapids, 1997, pp. 135-36.

10. Pág. 48: «la respuesta de un cubano», Cathrine Whitmire, *Plain Living: A Quaker Path to Simplicity*, Sorin Books, Notre Dame, IN, 2001, p. 111.

11. Pág. 48: «*carta a Audry*», Pam Woody, «Hours with Audrey», *Thriving Family*, enero-febrero de 2010, p. 44.

12. Pág. 49: «Hay muchas cosas», Ibíd.

Capítulo tres:
La paz de la memoria

1. Pág. 55: *Miroslav Volf*: Las perspectivas de este capítulo se sacaron en gran parte del notable libro de Miroslav Volf, *The End of Memory: Remembering Rightly in a Violent World*, Eerdmans, Grand Rapids, 2006.

2. Pág. 55: «abuso de un grado medio», Ibíd, p. 6.

3. Pág. 56: «Yo *quería*», Ibíd, p. 7.

4. Pág. 57: «recordar es», Mark Buchanan, *The Rest of God*, Nelson, Nashville, 2006, p. 196.

5. Pág. 57: «No solo somos moldeados», Volf, *The End of Memory*, p. 25.

6. Pág. 59: «Solo los recuerdos *sinceros*», Ibíd, p. 75.

7. Pág. 61: «*Las víctimas muchas veces*», Ibíd, p. 33.

Capítulo cuatro:
Volver a imaginar a nuestros enemigos

1. Pág. 71: Entrevista a John Paul Lederach en *Speaking of Faith* con Krista Tippett, 8 de julio de 2010 publicado en http://speakingoffaith.publicradio.org/ (accedido el 12 de julio de 2010).

2. Pág. 71: «no tendrán fruto». La analogía de la relación de los Hamás con Israel es mía, no de Lederach. Además me he tomado la libertad de aplicar su punto acerca de imaginar una relación con los enemigos tanto a personas como a grupos.

3. Pág. 73: «No quedan demonios», Angela C. Wu, «As We Forgive: An Interview with Laura Waters Hinson», el 28 de marzo de 2008, publicado en www.cardus.ca/comment/article/26 (accedido el 12 de julio de 2010).

4. Pág. 73: «Women and girls», Christiane Amanpour, «Woman opens heart to man who slaughtered her family», 15 de mayo de 2008, publicado en www.cnn.com/2008/WORLD/ africa/05/15/amanpour.rwanda/ (accedido el 12 de julio de 2010).

5. Pág. 74: «Utilizamos machetes», Ibíd.

6. Pág. 75: «Ya no existen carnés de identidad étnicos», Wu, «As We Forgive: An Interview with Laura Waters Hinson».

7. Pág. 75: C. S. Lewis, The Great Divorce, Harper-SanFrancisco, San Francisco, 1946, 1973, pp. 26, 29-31.

8. Pág. 76: Wess Stafford, «A Candle in the Darkness», Christianity Today, mayo de 2010, pp. 22-26.

9. Pág. 78: «Cuando tenía diecisiete años», Wess Stafford, «Forgiving an Abuser», Christianity Today, julio de 2010, p. 43.

10. Pág. 80: «generosa y persistente». Para una discusión más amplia de este pasaje y la técnica que Jesús usa en su respuesta a Pedro, véase de Ann Spangler y Lois Tverberg, Sitting at the Feet of Rabbi Jesus, Zondervan, Grand Rapids, 2009, pp. 38-39.

Capítulo cinco:
La paz de seguir

1. Pág. 89: «una religión de recordatorios». Muchas de las perspectivas en ese capítulo, sobre todo aquellas acerca de recordar, salir de Egipto y mantener la relación con Dios, fueron sacadas del sermón inédito de David Pileggi: «That I May Dwell among Them» [Para que habite entre ellos], predicado el 28 de marzo de 2009, en Narkis Street Congregation en Jerusalén, www.narkis. org/Archives/Sermons/Sermons.aspx) (accedido el 2 de abril de 2011).

2. Pág. 92: «El arrepentimiento es darnos cuenta», Eugene Peterson, Una obediencia larga en la misma dirección, Patmos, Miami, FL, 2005.

3. Pág. 92: «es la acción que sigue», Ibíd.

4. Pág. 96: «mantenimiento», Pileggi, «That I May Dwell Among Them».

5. Pág. 98: «viajan por el mismo suelo», Peterson, A Long Obedience in the Same Direction, p. 40.

6. Pág. 99: «mayor parte del tiempo ascendiendo», Ibíd, p. 14.
7. Pág. 99: «Dizler pudo haber rechazado», Catherine Whitmire, *Practicing Peace: A Walk through the Quaker Tradition,* Sorin Books, Notre Dame, IN, 2007, p. 54.
8. Pág. 101: «una optimista carrera», Peterson, *A Long Obedience in the Same Direction*, p. 163.

Capítulo seis:
Conectar puntos y personas

1. Pág. 107: «*La psicóloga Tiffany Field*», véase el libro de Robert M. Sapolsky, *Why Zebras Don't Get Ulcers,* Henry Holt, New York, 1994, 1998, 2004, 108.
2. Pág. 108: «*Amish en motocicletas*», Suzanne Woods Fisher, *Amish Peace,* Revell, Grand Rapids, 2009, p. 39.
3. Pág. 109: «amish también tienen índices más bajos de enfermedades cardíacas», Ibíd, p. 67.
4. Pág. 110: «comunidad perfecta». Citado en el libro de John Ortberg, Laurie Pederson y Judson Poling, *Groups: The Life-Giving Power of Community,* Zondervan, Grand Rapids, 2000, pp. 11-12.
5. Pág. 110: *Cita de Heidelberg Catechism*, Kelly Kapec, *God So Loved, He Gave,* Zondervan, Grand Rapids, 2010, p. 16.
6. Pág. 112: Dietrich Bonhoeffer, *Life Together*, traducido por John W. Doberstein, Harper and Row, New York, 1954, p. 23. La cita como tal es: «El Cristo en sus propios corazones es más débil que el Cristo en la palabra de sus hermanos. Sus propios corazones están inseguros, los de sus hermanos están seguros».
7. Pág. 113: «nuestra comprensión de la verdad», Parker Palmer, *Let Your Life Speak,* Harper and Row, New York, 1990, citado en Catherine Whitmire, *Plain Living: A Quaker Path to Simplicity,* Sorin Books, Notre Dame, IN, 2001, p. 143.
8. Pág. 115: «Incluso cuando el pecado», Bonhoeffer, *Life Together*, p. 28.
9. Pág. 115: «debe llevar la carga», Ibíd, p. 101.
10. Pág. 117: «*confesándonos nuestros pecados*», Ibíd, p. 116.

Capítulo siete:
La paz de la sencillez

1. Pág. 113: *Alfred Nobel*: encontré esta historia primero en el libro de Joseph Telushkin, *The Book of Jewish Values,* Bell Tower, New York, 2000, pp. 154-55.

2. Pág. 122: «economato», Merle Travis, «Sixteen Tons», 1947. Tennesse Ernie Ford grabó la canción en 1955.

3. Pág. 122: «*Catálogo de Sears*», Linda Dillow, *Calm My Anxious Heart*, NavPress, Colorado Springs, CO, 1998, 2007, p. 89.

4. Pág. 123: «*Travolta*», Nancy Collins, «Architectural Digest Visits: John Travolta and Kelly Preston», *Architectural Digest,* abril de 2004, p. 174.

5. Pág. 124: «Si uno tenía alguna duda», Jim Sollisch, «Blame Television for the Bubble», *Wall Street Journal,* 3 de enero de 2009, publicado en http://online.wsj.com/article/ SB123094453377450603.html (accedido el 14 de septiembre de 2010).

6. Pág. 124: *Vonnegut and Heller,* citado en el libro de John Bogle, *Enough: True measures of Money, Business, and Life,* Wiley, New York, 2009, p. 244.

7. Pág. 125: «Qué tal si expandiéramos», Wayne Muller, *Sabbath,* Bantam, New York, 1999, p. 101.

8. Pág. 125: «Comenzando por el breve recorrido de Adán», Philip Yancey, «Forgetting God», *Christianity Today,* septiembre de 2004, p. 104.

9. Pág. 126: «Por solitaria y humillante», Charles W. Colson, «Commentary: I know what Illinois governor feels like now», 10 de diciembre de 2008, publicado en http://articles. cnn.com/2008-12-10/politics/colson.corruption_1_corruptioncrime-spree-illinois-governorwatergate?_s=PM:POLITICS (accedido el 12 de diciembre de 2008).

10. Pág. 127: «*Sodoma y Gomorra*», Kelly Kapec, *God So Loved, He Gave,* Zondervan, Grand Rapids, 2010, p. 42.

11. Pág. 127: «*buen ojo*» y «*mal ojo*»: David H. Stern, *Jewish New Testament Commentary,* Jewish New Testament Publications, Baltimore, 1992, p. 32.

12. Pág. 130: «*El que no tiene dinero*», Suzanne Woods Fisher, *Amish Peace,* Revell, Grand Rapids, 2009, pp. 21, 25, 51.

13. Pág. 130: «los lunes por la mañana», Ibíd, p. 72.

14. Pág. 130: «los amish nunca pierden el contacto», Ibíd, p. 40.

15. Pág. 131: «No es que yo», Christina Wall, «Day 6—Results—Credit Card/ATM», 12 de marzo de 2007, publicado en http://retrochicky.blogspot.com/ (accedido el 15 de septiembre de 2010).

16. Pág. 134: «*Tammy Strobel*», Stephanie Rosenbloom, «But Will It Make You Happy?», *The New York Times,* 9 de agosto de 2010, publicado en http://www.nytimes.com/2010/08/08/business/08consume.html?_r=1 (accedido el 21 de septiembre de 2010).

17. Pág. 134: «vida simple», Catherine Whitmire, *Plain Living: A Quaker Path to Simplicity,* Sorin Books, Notre Dame, IN, 2001, p. 15.

18. Pág. 135: «La sencillez exterior». De las notas de la reunión anual de la Sociedad Religiosa de Amigos de Carolina del Norte en 1983, extraído del libro de Catherine Whitmire, *Practicing Peace: A Devotional Walk through the Quaker Tradition,* Sorin Books, Notre Dame, IN, 2007, p. 96.
19. Pág. 135: «vivir más allá de nuestros medios», Richard Foster, *Freedom of Simplicity,* Harper & Row, San Francisco, 1989, p. 91.
20. Pág. 138: «libertad interior», Abraham Joshua Heschel, *The Sabbath,* Farrar, Straus and Giroux, New York, 1951, 1979, xiii.
21. Pág. 138: «solo uno se proclama dos veces», Ibíd, p. 90.
22. Pág. 138: «*Lysa TerKeurst*», Lysa TerKeurst, «Nothing Tastes as Good as Peace Feels», publicado en http://lysaterkeurst.com/page/3/ (accedido el 15 de septiembre de 2010).

CAPÍTULO OCHO:
UN RECESO PARA LOS ADULTOS

1. Pág. 142: «Están esperando», James Truslow Adams, *The Tempo of Modern Life,* Books for Libraries, Freeport, NY, 1931, p. 93.
2. Pág. 143: «el apuro no viene del diablo», www.christianitytoday.com/le/currenttrendscolumns/leadershipweekly/cln20704.html.
3. Pág. 143: «*Experimento del Buen Samaritano*», John M. Darley y C. Daniel Batson, «From Jerusalem to Jericho: A Study of Situational and Dispositional Variables in Helping Behavior», *Journal of Personality and Social Psychology,* volumen 27, número 1, 1973, pp. 100-108.
4. Pág. 144: «permitirse ser», Thomas Merton, *Conjectures of a Guilty Bystander,* Doubleday, New York, 1968, p. 86.
5. Pág. 144: «espacio *entre estos*», Judy Brown, «Fire», www.judysorumbrown.com/poems/excerpts-from-excerpted-fromthe-sea-accepts-all-rivers-otherpoems/ (accedido el 29 de septiembre de 2010).
6. Pág. 147: «motivo para guardar el sábado», Eugene H. Peterson, *Working the Angles: The Shape of Pastoral Integrity,* Eerdmans, Grand Rapids, 1987, p. 49.
7. Pág. 148: «El sábado *no es la eternidad*», Mark Buchanan, *The Rest of God,* Nelson, Nashville, 2006, p. 213.
8. Pág. 148: «el primer objeto», Abraham Joshua Heschel, *The Sabbath,* Farrar, Straus and Giroux, New York, 1951, 1979, p. 9.
9. Pág. 148: «El sábado», Ibíd, p. 8.
10. Pág. 149: «*Seis noches por semana*», Ibíd, pp. 22-23.
11. Pág. 149: «El sábado viene», Ibíd, p. xv.
12. Pág. 151: «dos dólares y cuarenta y cuatro centavos por minuto», Steven Erlanger, «Ultra-Orthodox Wield Power», *The Grand Rapids Press,* 22 de noviembre de 2007, H6.

13. Pág. 151: «*durante mucho tiempo*», Mark Buchanan, *The Rest of God*, p. 106.

14. Pág. 151: «No puedo pensar», Ibíd, p. 45.

15. Pág. 157: «Es precisamente porque», Joseph Telushkin, *The Book of Jewish Values,* Bell Tower, New York, 2000, pp. 18-19.

16. Pág. 157: «recitando *la bendición*», Ibíd, p. 19.

Capítulo nueve:
La magia de invertir

1. Pág. 165: «*comunicación con los niños*», www.acomplaintfree-world.org/stories (accedido el 6 de octubre de 2010).

2. Pág. 166: «Gracias a Dios que se fueron», Ibíd.

3. Pág. 166: «Si no es indigestión». Esta cita se le atribuye de forma general a Benjamin Disraeli, aunque no pudo encontrarse ninguna fuente.

4. Pág. 167: «el estar agradecidos es un pasadizo secreto», Mark Buchanan, *The Rest of God,* Nelson, Nashville, 2006, p. 67.

5. Pág. 171: «yo estaba tan devastado». Transcrito de «Six Months since the Quake», del programa radial *Under the Sun* de WLRN, producido por Kenny Malone y Dan Grech, publicado en http://thestory.org/ (accedido el 13 de julio de 2010).

6. Pág. 171: «el alma agradecida», como lo cita Joseph Hertz en su libro *A Book of Jewish Thoughts,* Oxford University Press, Oxford, 1922, p. 283.

7. Pág. 173: «*Te acuerdas de todas las veces*», Ann Spangler y Lois Tverberg, *Sitting at the Feet of Rabbi Jesus,* Zondervan, Grand Rapids, 2009, p. 98. Para ver más sobre el tema de las bendiciones, ir al capítulo 7.

8. Pág. 174: «Las personas dan gracias», G. K. Chesterton, citado en el libro de Frederich Buechner, *Speak What We Feel,* HarperCollins, San Francisco, 2001, p. 119. Buechner señala que Chesterton salió de una especie de «pesadilla personal» a los veinte años y entró en un período de su vida en el que le gustaba llamarse a sí mismo «siempre perfectamente feliz». Según Buechner, la cita fue un «fragmento fortuito» sacado de una libreta que Chesterton tenía siempre. «Como se le devolvió su vida y su cordura», comenta Buechner, «él estaba lleno tanto de un gran sentido de agradecimiento como de una enorme necesidad de alguien o algo a quien agradecer».

9. Pág. 174: «es una canción de alabanza», Walter Brueggemann, «The Liturgy of Abundance, the Myth of Scarcity», *Christian Century,* marzo 24-31, 1999, p. 342.

10. Pág. 175: «una *maravilla*», Ibíd.

Capítulo diez:
¿Paz en cada palabra?

1. Pág. 181: «¿Cuántos de ustedes», Joseph Telushkin, *The Book of Jewish Values*, Bell Tower, New York, 2000, p. 465.
2. Pág. 183: «Tragarse las palabras», citado en el libro de Suzanne Words Fisher, *Amish Peace*, Revell, Grand Rapids, 2009, p. 173.
3. Pág. 186: «¿No sabían ellos», Paul David Tripp, *War of Words*, Presbyterian & Reformed, Phillipsburg, NJ, 2000, p. 18.
4. Pág. 186: «El problema con la manera», Ibíd, p. 21.
5. Pág. 187: «en el corazón», Ibíd, p. 94.
6. Pág. 189: «Cuando estamos de vacaciones», Ibíd, p. 215.
7. Pág. 190: «*Un padre no debe*», Ibíd, p. 47.
8. Pág. 191: «La gentileza no significa», Ibíd.
9. Pág. 192: La frase como tal es: «El chismoso se levanta en Siria y mata en Roma», Jerusalén Talmud, *Peah* 1:1.
10. Pág. 192: «Benditos los que». Citado en el libro de Suzanne Woods Fisher, *Amish Peace*, Revell, Grand Rapids, 2009, p. 166.
11. Pág. 193: «un juego de estatus», Joseph Telushkin, *Words That Hurt, Words That Heal*, Quill, William Morrow, New York, 1996, p. 36.
12. Pág. 193: «encontrar una manera», Ibíd, p. 94.
13. Pág. 193: «Si te das cuenta», Ibíd, p. 96.
14. Pág. 194: «de su propio bolsillo», Ibíd, pp. 99-101. Parte del diálogo de la historia se parafraseó del original para facilitar la comprensión de los lectores que no son judíos.
15. Pág. 197: «Acabas de guiñarle». Citado en el libro de Joseph Telushkin, *Words That Hurt, Words That Heal*, William Morrow, New York, 1996, pp. 151-53.

Capítulo once:
Paz turbulenta

1. Pág. 206: «el rasgo de confianza». Citado en la obra David Cox, «The Edwin Friedman Model of Family Systems Thinking», *Academic Leadership Live: The Online Journal* 4, no. 4, 12 de febrero de 2007, publicado en www.academicleadership.org/emprical_research/The_Edwin_Friedman _Model_ of_Family_Systems_Thinking.shtml (accedido el 7 de junio de 2010).
2. Pág. 207: «Si un miembro de la familia», Edwin H. Friedman, *Generation to Generation*, Guilford, New York, 1985, p. 47.
3. Pág. 209: «*Friedman*», Ibíd, p. 48.

4. Pág. 210: «Después de esta semana», Amy Butler, «Anxious Presence», *Talk with the Preacher,* 27 de abril de 2006, http://talkwiththepreacher. wordpress.com/2006/04/27/anxiouspresence/ (accedido el 9 de noviembre de 2010).

5. Pág. 213: «*Elena Sánchez*», ASJ es el acrónimo de Asociación para una Sociedad más Justa. Esta historia se basa en las noticias publicadas el 27 de octubre de 2010 y publicadas en www.ajs-us.org/montes_abduction. htm#oct19 (accedido el 10 de noviembre de 2010).

6. Pág. 214: «Lo único que se necesita». Esta cita a menudo se le atribuye erróneamente a Edmund Burke, aunque pudiera basarse en algo de sus escritos; véase http://en.wikiquote.org/wiki/Edmund_Burke (accedido el 5 de noviembre de 2010).

7. Pág. 215: «los rasguños en sus rostros», Elbert Hubbard, *Little Journeys to the Homes of Famous Women Book Two,* The Roycrafters at Their Shop, East Aurora, NY, 1911, publicado en www.kellscraft.com/LittleJourneysWomen/Littlejourneyswomen02.html (accedido el 9 de noviembre de 2010).

8. Pág. 216: «reforma en las cárceles a nivel mundial», Catherine Whitmire, *Practicing Peace,* Sorin Books, Notre Dame, IN, 2007, pp. 45-46.

9. Pág. 216: «nada menos que el Espíritu Santo», Bill Samuel, «Elizabeth Gurney Fry (1780-1845) Quaker Prison Reformer», 1 de agosto de 2001, publicado en www.quakerinfo.com/fry.shtml (accedido el 3 de noviembre de 2010).

10. Pág. 216: «Cada vez que doy seminarios», Ibíd, p. 47.

11. Pág. 217: «*Van Solkema*», Rod Van Solkema, charla inédita, 3 de julio de 2009.

12. Pág. 218: «Los pacificadores», Mark Buchanan, «Blessed Are the Peacemakers, for They Will Be Called Sons of God», *Discipleship Journal* 138, noviembre/diciembre de 2003, publicado en www.navpress.com/Magazines/DJ/PrinterFriendlyArticle.asp?ID=138.08 (accedido el 31 de mayo de 2005).

13. Pág. 218: «La debilidad suprema», Martin Luther King, Jr., *Where Do We Go from Here: Chaos or Community?,* Harper & Row, New York, 1967, pp. 62-63.

Capítulo doce:
Paz en un sentido práctico

1. Pág. 227: «Sé que estas», George Guitton, *Perfect Friend: The Life of Blessed Claude la Columbiere,* trans. William J. Young, Herder, St. Louis, 1956,

p. 326, citado y parafraseado en el libro de Bert Ghezzi, *Adventures in Daily Prayer*, Brazos, Grand Rapids, 2010, p. 59.

2. Pág. 232: «*en el presente*», John Tierney, «When the Mind Wanders, Happiness Also Strays», *The New York Times*, 16 de noviembre de 2011, publicado en www.nytimes.com/2010/11/16/science/16tier.html?emc=eta1 (accedido el 17 de noviembre de 2010).

3. Pág. 232: «*Si le pides*», Ibíd.

4. Pág. 234: «*estudio realizado en 2004*», David R. Bassett Jr., Patrick L. Schneider, y Gertrude E. Huntington, «Physical Activity in an Old Order Amish Community», *Medicine & Science in Sports & Exercise* 36, no. 1, 2004, pp. 79-85, citado en el libro de Suzanne Woods Fisher, *Amish Peace*, Revell, Grand Rapids, 2009, pp. 48-49.

5. Pág. 234: «*estudio del 2009*», Bill Hendrick, «Percentage of Overweight, Obese Americans Swells», *Web MD*, 10 de febrero de 2010, publicado en www.webmd.com/diet/news/20100210/percentageof-overweight-obese-americansswells (accedido el 17 de noviembre de 2010).

6. Pág. 237: «Cuando nuestros días», Martin Luther King Jr., «Where Do We Go from Here?», pronunciado el 16 de agosto de 1967; www.famousspeeches-and-speech-topics.info/martin-luther-king-speeches/martin-luther-king-speech-where-dowe-go-from-here.htm (accedido el 4 de abril de 2011).

Nos agradaría recibir noticias suyas.

Por favor, envíe sus comentarios sobre este libro

a la dirección que aparece a continuación.

Muchas gracias.

Vida@zondervan.com

www.editorialvida.com